Les crimes au féminin

BIBLIOTHÈQUES DE DROIT

COLLECTION FONDÉE ET DIRIGÉE PAR JEAN-PAUL CÉRÉ

Cette collection a pour vocation d'assurer la diffusion d'ouvrages scientifiques sur des thèmes d'actualité ou sur des sujets peu explorés dans le domaine des sciences juridiques. Elle se destine notamment à la publication de travaux de jeunes chercheurs.

Dernières parutions :

G. ROUSSEL, Les procès-verbaux d'interrogatoire. Rédaction et exploitation

R. MONTAGNON, Quel avenir pour les juridictions de proximité ?

N. BIENVENU, Le médecin en milieu carcéral. Étude comparative France/Angleterre et pays de Galles

G. BEAUSSONIE, Le rôle de la doctrine en droit pénal

I. DENAMIEL, La responsabilisation du détenu dans la vie carcérale

C.J. GUILLERMET, La motivation des décisions de justice

C. OLIVA, Breveter l'humain ?

N. BRONZO, Propriété intellectuelle et droits fondamentaux

I. MANSUY, La protection des droits des détenus en France et en Allemagne

E. LIDDELL, La justice pénale américaine de nos jours

E. DUBOURG, Aménager la fin de peine

B. LAPEROU-SCHENEIDER (dir.), Le nouveau droit de la récidive

V. GOUSSE, La libération conditionnelle à l'épreuve de la pratique

I. BOEV, Introduction au droit européen des minorités

E. GALLARDO, Le statut du mineur détenu

BIBLIOTHÈQUES DE *DROIT PENAL*

Chrystèle Bellard

Les crimes au féminin

L'Harmattan

© L'Harmattan, 2010
5-7, rue de l'Ecole polytechnique, 75005 Paris

http://www.librairieharmattan.com
diffusion.harmattan@wanadoo.fr
harmattan1@wanadoo.fr

ISBN : 978-2-296-12369-4
EAN : 9782296123694

Remerciements

A ma directrice, le professeur Martine Herzog-Evans pour avoir accepté ce rôle, m'avoir laissé une grande liberté dans mon travail et bien voulu rédiger la préface de cet ouvrage. Mes remerciements également aux professeurs Sylvie Grunvald et Virginie Gautron pour l'intérêt qu'elles ont manifesté pour le sujet.

Au Dr Daniel Zagury qui a eu l'amabilité de m'accorder un entretien et de me faire profiter de son expérience. Merci aussi à Mr Michel Tanneau qui a été le premier à me conseiller.

A la DISP de Lille et aux établissements de Bapaume et de Joux-la-Ville, grâce auxquels j'ai pu réaliser cette étude. Je remercie les directions de ces CD pour m'avoir accueillie, particulièrement Mme Suhit et Mr Lopez, tous les deux très ouverts à la recherche. Merci également à Mme Delhoume, Mme Derache et Mme Aude Boquet, à Mr Reverberi, Mr Goujon, Mr Lacombre, Mr Michaud, Mr Lemothe, Mr Vanderag, Mr Ropital et Mr Bouhsina ainsi qu'à Mme Page et Mr Roflet du centre pénitentiaire de Rennes.

Un grand merci à tous ceux dont je ne citerai pas le nom, par discrétion : les bénévoles qui m'ont reçue ou m'ont permis de les accompagner dans leurs actions, qu'ils viennent de l'ANVP, d'Arc-en-Ciel, de Parcours de femmes, d'Enjeux d'enfants ou d'une autre association, le personnel pénitentiaire des deux établissements qui m'ont reçue et les femmes concernées, détenues, anciennes détenues, avec qui j'ai pu discuter.

J'espère n'avoir oublié personne (et n'avoir écorché aucun nom...), encore merci à toutes et à tous.

A mes proches, en premier lieu à Michèle, qui m'a beaucoup aidée et soutenue, à Gérald, Raphaël, Yolaine, et à mes amies Séria et Shu-Hui.

Principales abréviations

Art	Article
Cass. crim	Chambre criminelle de la Cour de cassation
CD	Centres de détention
C. civ	Code civil
Cons. d'Et	Conseil d'Etat
C. pén	Code pénal
C. pr. pén	Code de procédure pénale
Dr. pén	Revue Droit pénal
Ed	Edition
Gaz. Pal	Gazette du Palais
Infra	Ci-dessous
JO	Journal Officiel
JCP	Jurisclasseur, La semaine juridique
Not	Notamment
P, pp	page(s)
Préc	Précité
Rev. sc. crim	Revue de science criminelle et de droit pénal comparé
RFD adm	Revue française de droit administratif
RTD civ	Revue trimestrielle de droit civil
S	suivant
Supra	Supra
V	Voir

Préface

Alors que l'incarcération des femmes augmente plus vite que celle des hommes aux États-Unis, que les femmes sont de plus en plus nombreuses dans les pays anglo-saxons à faire l'expérience de l'incarcération sans que, pourtant, leur délinquance ait changé de nature ni augmenté en volume, la situation demeure - encore ? - inchangée en France. La France, pour des raisons qui mériteraient d'être étudiées per se, conserve un très faible taux d'incarcération des femmes et leur délinquance, nettement distincte de celle des hommes, ne semble pas avoir évolué de manière significative. Elle est toujours de bien moindre gravité, toujours bien plus faible quantitativement que celle des hommes. Elle met aussi en scène des personnes bien plus désocialisées, bien plus malades mentales ou en mauvaise santé physique, transportant un bagage psychosocial bien plus lourd que celui des hommes. Elles ont également des besoins « criminogenic » bien différents des hommes, notamment parce qu'elles sont très souvent mères, seules en charge de jeunes enfants.

Tout ceci a certes très peu été étudié en France, pays où la criminologie n'existe qu'à l'état embryonnaire (voir cependant les travaux de Robert Cario et, sur l'incarcération des femmes, de sociologues comme Corinne Rostaing ou Coline Cardi), contrairement à nos voisins britanniques, aux États-Unis, à l'Australie, et d'autres États modernes.

Aussi n'est-il déjà pas banal de lire une étude s'adressant de manière rigoureuse à cette catégorie de délinquantes.

Il n'est pas banal non plus de voir publier les travaux d'étudiants de cinquième année. Lorsqu'ils sont d'une telle rigueur et qualité scientifique, il est indispensable de les faire partager au plus grand nombre. Mme Bellard a en effet effectué un travail d'une considérable envergure, exploitant de multiples dossiers, assistant à de nombreuses audiences juridictionnelles, visitant des prisons, menant des entretiens, compulsant par ailleurs une montagne de coupures de presse. Ses cohortes sont suffisamment importantes pour qu'elle puisse dresser des statistiques. Rarement dans une carrière universitaire a-t-on la chance de diriger un étudiant de Master qui ait déjà acquis, et pour l'essentiel par lui-même, une telle compétence de chercheur.

Le sujet qu'avait choisi Mme Bellard, pour son mémoire de Master 2 de droit pénal à l'Université de Nantes, et qu'elle nous avait demandé d'encadrer- ce que nous avons à peine eu à faire tant étaient déjà affirmées ses qualités scientifiques - est également en tant que tel extraordinaire, au sens premier du terme. Mme Bellard a choisi d'étudier non pas la délinquance des femmes comparée à celle des hommes, ce qui est classique, du moins dans la littérature criminologique étrangère, mais d'étudier la délinquance criminelle des femmes en tant que telle. Ce qui l'intéresse et qu'elle nous fait découvrir, en ressort d'autant plus passionnant qu'il est expurgé, pour l'essentiel, de ces comparaisons quantitatives ou qualitatives. Elle s'intéresse non pas aux femmes délinquantes en général, autre classique, mais aux femmes auteures d'infractions juridiquement qualifiées de crime. Elle ne traite donc pas des auteures, ultra majoritaires, de délits ou de contraventions, mais à celles qui sont auteurs des faits les plus graves.

Mme Bellard en tire une analyse globalement objective de ce qu'elle observe et qui infirme un certain nombre de poncifs sur les femmes auteures de crimes. Elle confirme cependant, rejoignant tout à fait les « feminist criminologist » anglo-saxonnes, que les femmes criminelles sont l'objet, comme les femmes auteurs de délits, d'a priori, de représentations, puisque, c'est une troisième particularité de son travail, elle étudie également la manière dont ces femmes ont pu être représentées, selon les époques, dans la presse. Une femme criminelle est perçue plus durement qu'un homme criminel, particulièrement lorsqu'elle a fait pour victimes ses enfants, parce qu'elle vient en rupture (« bad girl ») avec l'image de la femme telle qu'elle devrait être : modeste, discrète, travailleuse et endurante et surtout « bonne mère ».

On ne suivra cependant pas nécessairement Mme Bellard lorsqu'elle tente de rapprocher le crime féminin du crime masculin

Préface

- notamment à propos de la délinquance sexuelle des femmes. Comme le dit magistralement la féministe américaine Catherine MacKinnon, « Ce qui est frappant est qu'à chaque fois que la découverte (d'un abus) est faite, et qu'il est d'une manière ou d'une autre révélé au monde comme bien réel, la réponse est toujours : « mais cela arrive aux hommes aussi ». Si les femmes sont violentées, les hommes sont violentés aussi. Si les femmes sont violées, les hommes sont violés. Si les femmes sont victimes de harcèlement sexuel, les hommes sont aussi victimes de harcèlements sexuels. Si les femmes sont battues, les hommes sont battus. La symétrie doit être réaffirmée. La neutralité doit être à nouveau réclamée. L'égalité doit être rétablie. [1] ».

L'étude scientifique de la délinquance des femmes et de ses spécificités reste à mener - et Mme Bellard y apporte une passionnante pierre - ; il serait dommage que le biais français classique qui voit dans les femmes « des hommes comme les autres » (XY), ce qu'elles ne sont pas, vienne altérer la nécessaire objectivité qu'impose la recherche scientifique. Mme Bellard ne tombe cependant à aucun moment dans un tel travers. Elle poursuit actuellement ses travaux dans le cadre d'une thèse de doctorat. Gageons qu'elle sera dans les prochaines années l'une des toutes premières criminologues françaises, spécialiste des « études de genre », et nous livrera d'autres travaux de la même envergure.

Martine Herzog-Evans, professeur à l'Université de Reims

http://herzog-evans.com

---

[1] MAC KINNON (C. A.), *Feminism Unmodified: Discourse on Life and Law*, Harvard Univ. Press, 1987, p. 170, notre traduction.

Introduction

« Comme tout ouvrage qui aborde la délinquance féminine, ce chapitre met d'abord en évidence la place discrète qu'occupent les adolescentes et les femmes délinquantes dans les écrits criminologiques »[2]. Voici la première caractéristique de la criminalité féminine par laquelle commencent toutes les études depuis un demi-siècle. Ce désintérêt des chercheurs[3] est constant, à croire que le faible nombre de condamnées les rend invisibles, « too few to count »[4]. La seconde caractéristique, et pour beaucoup la raison de cette indifférence, est indubitablement la part infime qu'occupent les femmes parmi les auteurs d'infractions, bien qu'elles représentent plus de la moitié de la population totale. « Les femmes résistent au crime »[5], leur déviance est un « non-phénomène »[6]. Cette différence quantitative entre la criminalité des deux sexes n'est pas récente. Déjà constatée par les historiens de l'Ancien Régime, elle s'est fortement accentuée aux XIXe et XXe

---

[2] LANCTOT (N.), « La délinquance féminine : l'éclosion et l'évolution des connaissances », in LE BLANC (M.), OUIMET (M.) et SZABO (D.) (dir.), *Traité de criminologie empirique*, Ed. Les Presses de l'Université de Montréal, 3e édition, 2003, p. 422.

[3] « El tema, la criminalidad femenina, ha sido uno de los olvidados por la investigación criminológica en el que encontramos muy pocos estudios al respecto y en comparación de la que se ha hecho sobre criminalidad masculina, podemos afirmar que es un campo casi virgen », LIMA MALVIDO (M.), *Criminalidad femenina, teorías y reacción social*, Ed. Porrúa, 2003 (2da edición), p. XI.

[4] ADELBERG (E.), CURRIE (C.) (dir.), *Too Few to Count : Canadian Women in Conflict with the Law*, Press Gang Publishers, Vancouver, 1987.

[5] V. ouvrage éponyme de Robert Cario, Ed. L'Harmattan, coll. Transdisciplines, 1997.

[6] BERTRAND (M.-A.), *La femme et le crime*, Les éditions de l'Aurore, 1979.

siècles. Si les femmes ne représentaient que 20% des détenues en 1850, le chiffre a depuis encore été divisé par cinq[7].

Cette question est la préoccupation centrale des recherches existantes. Bien que leur nombre soit ridiculement faible comparé à celles portant sur la criminalité en général, c'est-à-dire celle des hommes, ont tout de même été avancées quelques grandes théories concernant la (ou l'a-) criminalité des femmes. En revanche la recherche sur le sujet demeure pauvre en données empiriques[8]. Les explications proposées sont diverses, classiquement bâties sur l'idée de différences naturelles entre hommes et femmes, plus récemment sur les rapports de force existant entre eux, en particulier les rôles sociaux qui les illustrent.

Les premiers grands écrits théoriques sur le sujet datent du XIXe siècle, ils reprennent donc à la fois les outils conceptuels _ déterminisme qui se veut justifié par l'utilisation de méthodes scientifiques[9] _ et la vision des femmes de leur époque.

Cesare Lombroso, fondateur de l'école italienne d'anthropologie criminelle et de la criminologie positiviste, est l'auteur, entre autres, d'un ouvrage intitulé *La femme délinquante, la prostituée et la femme normale*[10]. Cette étude, « véritable monument de misogynie, relevant de l'épouvante mais qui reflète l'imaginaire social à l'égard des femmes [11] », s'appuie sur différentes évidences pour présenter le phénomène. Les anomalies morphologiques_ caractéristiques des tendances déviantes selon l'auteur _ constatées chez la criminelle sont peu importantes, ce qui ne décontenance pas pour autant Lombroso. Il explique cela par l'infériorité, phy-

---

[7] BARD (C.), CHAUVAUD (F.), PERROT (M.), PETIT (G.) (dir.), *Femmes et justice pénale XIXe-XXe siècles*, Ed. Presses Universitaires de Rennes, coll. Histoire, 2002.

[8] Alors que les vingt dernières années ont surtout été consacrées à des enquêtes de victimation, il y a depuis peu un regain d'intérêt scientifique pour le sujet et de nouvelles données commencent à être disponibles.

[9] Telles que les statistiques, les mathématiques ou l'anthropométrie.

[10] LOMBROSO (C.), *La donna delinquente, la prostituta et la donna normale*, 1896.

[11] GUILLAIS (J.), Émergence du crime passionnel au XIXe siècle, *Perspectives psy*, volume 36, n°1, janvier-février 1997, p. 48.

sique et intellectuelle[12], de la femme en général. Celle-ci étant à la base un être peu évolué, la marge de dégénérescence de la criminelle est nécessairement plus faible que chez les hommes. Il soutient néanmoins que « la criminelle-née est pour ainsi dire une exception à double titre, comme criminelle et comme femme (...) Elle doit donc, comme double exception, être plus monstrueuse ». Il estime que les différences de mensurations relevées chez la criminelle rapprochent celle-ci de son homologue masculin. Si elle passe à l'acte, c'est faute d'avoir une vie de famille, synonyme de stabilité, puisqu'elle ne peut attirer suffisamment un homme pour se reproduire. Il identifie alors la prostitution comme étant le crime féminin par excellence, l'équivalent du crime crapuleux masculin. Étant donné que la femme normale est frigide[13], a contrario la criminelle se caractérise par des pulsions sexuelles contre nature. Son instinct maternel l'empêche de transgresser autrement, et particulièrement la rend incapable de commettre des crimes de sang. Les seules exceptions se retrouvent logiquement chez des femmes dont l'âge est incompatible avec la maternité, non pubères ou ménopausées. L'innéité de l'a-criminalité féminine qu'il présente a durablement influencé la pensée criminologique sur le sujet.

Alfredo Nicéforo, disciple de Lombroso, formule autrement sa pensée. Il considère que la femme est différente, physiquement et psychologiquement, qu'elle est une force centripète et l'homme une force centrifuge. Il abandonne ainsi l'idée d'un stade d'évolution déterminé par le sexe. Hommes et femmes sont, selon sa théorie, par nature différents, ce qui rend toute comparaison de leur criminalité vide de sens.

William Isaac Thomas, sociologue de l'Université (l'École) de Chicago, postule également que des différences biologiques exis-

---

[12] Idée développée précédemment par Alphonse Quételet, lequel appuyait essentiellement sa démonstration sur la différence de force physique, mesurée mathématiquement, entre les deux sexes.

[13] « La femme étant naturellement monogame et frigide, la mère, c'est-à-dire la femme normale, chez qui l'influence de la maternité en se greffant sur la cruauté primitive fait souvent rejaillir la douceur, fait preuve d'une sensibilité sexuelle moindre tandis que chez la délinquante on constate une sexualité exagérée », LOMBROSO (C.), préc.

tent entre hommes et femmes[14]. L'importance inégale de leurs besoins sociologiques primaires[15] explique que les deux sexes n'appréhendent pas les transgressions de la même manière. Il estime pour sa part que chez les femmes le problème n'est pas tant la criminalité que l'immoralité. Pour lui aussi la déviance féminine s'exprime presque exclusivement par la prostitution. Il s'agit du moyen le plus rapide de satisfaire autant le besoin classique de réponse (amour/maternité), excessif chez la délinquante, que celui de reconnaissance sociale. Pour éviter les transgressions féminines il est donc nécessaire et suffisant d'encadrer leur comportement, quitte à retirer la jeune déviante de son milieu familial pour la « réajuster ».

A l'inverse a été développée l'idée d'une vertu innée de la femme qui l'empêcherait de commettre des actes répréhensibles. Pour Gabriel Tarde[16], la femme a plus de sens moral que l'homme, elle est conservatrice, tournée vers le foyer et la religion, ce qui la rendrait inaccessible au mal. Elle serait en fait restée au stade du « bon sauvage », tel que décrit par Jean-Jacques Rousseau. Dans le même esprit, Louis Proal[17] considère qu'elle est meilleure moralement, ce qu'il attribue à la faiblesse de ses instincts violents et sexuels, et Éric Wulffen[18] à la naturelle passivité féminine. Henri Joly la présente comme naturellement faite pour la vie de famille, c'est-à-dire pour une vie stable et honnête. Les femmes qui transgressent sont précisément celles qui n'ont pas eu de modèle familial, les enfants abandonnées. Là encore, la prostitution est considérée comme le crime naturel de la femme : « Quand la femme pèche, c'est par là qu'elle pèche : c'est là le délit par excellence »[19].

---

[14] THOMAS (W. I.), *Sex and Society: Studies in the Social Psychology of Sex*, 1907 ; même auteur, *The unadjusted girl; with cases and standpoint for behavior analysis*, 1923.

[15] Prédominance des besoins de sécurité et de réponse affective chez la femme, des besoins de nouveauté et de reconnaissance chez l'homme.

[16] TARDE (G.), *La criminalité comparée*, 1886.

[17] PROAL (L.), *Le crime et la peine*, 1892.

[18] WULFFEN (E.), *Women as a sexual criminal*, 1923.

[19] JOLY (H.), *La France criminelle*, Ed. L. Cerf, 1889, p. 399.

Introduction

Ces théories déterministes, fondées sur une vision misogyne des différences entre les sexes, paraissent aujourd'hui obsolètes. Il est toutefois intéressant de noter la préoccupation récurrente de ces chercheurs envers la sexualité féminine, cause, si elle est active, de toutes les dérives, de tous les désordres.

Les explications médicales du passage à l'acte nourrissent, elles, toujours les débats.

Les hormones masculines, en particulier la testostérone, seraient ainsi une cause possible de leur comportement déviant, justifiant a contrario l'a-criminalité des femmes. Dans le même temps, les changements hormonaux de ces dernières pourraient les pousser au crime, alors qu'elles n'y sont pas disposées en temps ordinaire. Ainsi, le syndrome prémenstruel a souvent été désigné comme pouvant provoquer des réactions anormales, parfois violentes[20]. Si certains liens entre agressivité et dosage hormonal ont été établis, en revanche l'influence qui leur est attribuée paraît disproportionnée. Tel est justement l'un des effets, le but même de la civilisation : apprendre à contrôler ses réactions. Autrement dit, considérer que les hormones sont à l'origine du passage à l'acte d'un individu revient aussi à constater chez celui-là un échec de son éducation.

Le développement des recherches sur le cerveau demeure extrêmement riche en potentialités. D'ores et déjà des explications neurologiques à l'incapacité de dominer ses pulsions sont proposées. Le mauvais fonctionnement de la partie cérébrale qui permet ce contrôle rendrait l'individu totalement vulnérable face aux signaux de désir, de peur ou de colère. D'autres recherches sont parallèlement menées sur les différences cérébrales entre les deux sexes. Il a été constaté que les cerveaux masculins et féminins fonctionnaient de manière différente, notamment que les femmes possédaient de meilleures capacités de verbalisation de leurs émotions que les hommes. Cette proposition peut être rapprochée des études qui ont mis en évidence le lien entre déviance et difficultés à exprimer ses ressentis. Il faut pourtant rester très prudent et ne pas en tirer de conclusions hâtives : ce fonctionnement cérébral

---

[20] V. not. AZNAR, école de médecine de Madrid, sur le syndrome pathologique et criminogène ; SCHICK (B.), théorie des ménotoxines, 1920.

peut très bien lui-même être la conséquence de la socialisation particulière de l'individu, et non un élément indépendant.

Otto Pollak, en 1950, propose une vision diamétralement opposée aux théories des premiers auteurs, celle de la criminalité cachée des femmes. Il les présente comme étant en réalité plus criminelles que les hommes mais moins souvent découvertes. « Cette habileté est fondée dans l'anatomie et la physiologie féminines, selon l'auteur. C'est dans les rapports sexuels que la femme apprend à "prétendre", à feindre, leçon qu'elle utilise dans toutes les sphères de son activité »[21]. Il soutient également que c'est parce qu'elle commet ses infractions dans le cadre du foyer, dans les rôles qu'on lui a dévolus, que la femme est à l'abri de la détection. Ainsi, ses fonctions ménagères et maternelles lui permettent d'empoisonner son mari, ses enfants ou tout autre membre de la famille, avec peu de risques d'être soupçonnée. Lorsqu'il ne s'agit pas d'homicide, les victimes des crimes féminins portent rarement plainte, les hommes par amour-propre, les enfants par impuissance. Il envisage enfin la possibilité que les femmes, toujours sournoises, fassent exécuter leurs crimes par des hommes, lesquels seraient alors condamnés à leur place.

On peut déjà lui opposer que s'il est certain qu'il existe un « chiffre noir[22] » de la criminalité féminine, il en est de même pour celle des hommes et rien ne permet d'affirmer que l'un soit plus important que l'autre[23]. La proposition selon laquelle la criminalité féminine se concentre surtout dans le foyer, ce qui la rend moins visible, est assez juste. Néanmoins, la première catégorie d'infractions, comme pour les hommes, relève de la délinquance acquisitive, et on constate aussi que le taux de criminalité est équivalent entre les pays où la femme reste à la maison et ceux où elle travaille. Quant à l'affirmation péremptoire selon laquelle la femme jouerait un rôle dans la criminalité masculine, comme le professeur Cario le souligne dans ses ouvrages aucune donnée scientifique ne l'a jamais confirmée. Il faut rappeler que lorsque

---

21 BERTRAND (M.-A.), préc.

22 Cette expression désigne les infractions qui ne sont pas portées à la connaissance de la justice pénale.

23 CARIO (R.), *Les femmes résistent au crime*, préc., pp. 54-59.

cette incitation peut être prouvée, elle est en France légalement réprimée au titre de la complicité par provocation[24], il n'y a pas d'impunité possible pour l'instigatrice. L'ouvrage d'Otto Pollack présente néanmoins un réel intérêt, celui de sortir le sujet des explications essentialistes.

Le sociologue Émile Durkheim envisage également qu'il n'y ait aucune différence dans l'aptitude au crime, ni même dans la réalité des passages à l'acte des deux sexes. Mais alors que Pollack s'appuie sur les capacités de dissimulation féminines, Durkheim met en cause la société et l'extrême indulgence dont bénéficieraient les femmes à chaque étape du système pénal, théorie qui rencontre encore aujourd'hui un certain succès. Selon cette vision, la femme est aidée par l'attitude chevaleresque des hommes, laquelle lui évite toute confrontation avec la justice pénale. Elle est soumise de préférence à un contrôle informel, lequel rend inutile une judiciarisation de son comportement. Les actes délinquants n'arrivent pas, hormis les cas les plus graves, devant la justice, ils sont sanctionnés dans le cadre plus restreint de la famille. Ce refus de mettre sur un pied d'égalité hommes et femmes s'est illustré pendant longtemps à travers les fortes différenciations des peines[25] en nature. Par exemple sous l'Ancien Régime, les galères ne pouvaient être infligées aux femmes, pas plus que le bannissement, leur sanction de référence était l'enfermement au couvent. En cas de condamnation à mort, un mode d'exécution différent était appliqué[26]. On prévoyait en sens inverse des peines parfois plus dures pour elles, notamment en matière d'adultère. Le particularisme pénal était alors assumé dans les deux sens[27].

Un travail important d'étude des statistiques fournies par les différents services de la chaîne pénale a été effectué en 1996 par la sociologue France-Line Mary. Elle en tire comme conclusion que

---

[24] Art. 121-7 al.2 C. pén.

[25] JEULAND (E.), in TSIKOUNAS (M.) (dir.), *Eternelles Coupables _ Les femmes criminelles de l'Antiquité à nos jours*, Ed. Autrement, 2008, p. 90.

[26] Potence ou décapitation, et non la roue par exemple.

[27] LEBLOIS-HAPPE (J.), La sanction des femmes criminelles : y a-t-il une spécificité féminine de la peine ?, intervention au colloque *Figures de femmes criminelles*, 8 mars 2008.

les femmes bénéficient effectivement d'un moindre recours à l'incarcération. A chaque étape du processus pénal, elles seraient favorisées : «A l'évidence, le sous-emprisonnement ferme des femmes ne semble pas devoir s'expliquer autrement que par des mécanismes de différenciation liés au sexe des justiciables »[28].

Celui-ci n'est pourtant pas le seul élément capable d'expliquer ce moindre emprisonnement. Les travaux de Candace Kruttschnitt (1980-1984) ont montré que les caractéristiques sociales peuvent être à l'origine de cette différence. Les critères de respectabilité_ absence de casier judiciaire, d'antécédents psychiatrique ou d'addictions_ et ceux d'intégration sociale_ vie maritale, enfants et emploi_ paraissent des raisons bien plus sérieuses pour expliquer les décisions judiciaires[29]. Or plusieurs d'entre eux se retrouvent dans le profil des femmes judiciarisées[30]. Leur stabilité, leur conformité aux normes peuvent légitimement justifier cette indulgence. La très forte féminisation de la magistrature n'a d'ailleurs pas provoqué de bouleversement dans le traitement des justiciables. Une femme n'a pourtant aucune raison de se montrer « chevaleresque », les magistrates étant même réputées, à tort ou à raison, plus dures envers les accusées.

La notion de rôles sociaux différentiels a été envisagée dès le XVIIIe siècle par Beaumont et Tocqueville, pour qui le « destin d'épouse et de mère » de la femme explique sa moindre part dans la criminalité. Elle passe également moins souvent à l'acte parce qu'elle a moins de contacts sociaux, et donc d'occasions de le faire, que l'homme[31]. Cette notion d'opportunités est effectivement une réalité criminologique et l'enfermement social des femmes une cause possible de leur moindre déviance, postulat qui sera repris par le courant féministe radical.

---

[28] MARY (F.-L.), *Femmes, délinquances et contrôle pénal, analyse socio-démographique des statistiques administratives*, Université Paris V-René Descartes, Études et Données pénales, CESDIP, n°75, 1996.

[29] In PARENT (C.), *Féminismes et criminologie*, Ed. De Boeck Université, coll. Perspectives criminologiques, 1998.

[30] V. not. CARIO (R.), préc.

[31] Not. RADZINOWICZ, NICÉFORO.

Introduction 21

Rompant avec les précédents féminismes, le grand tournant en ce qui concerne l'étude du sujet est en effet l'apparition dans les années 60 de ce mouvement. Une école critique se développe, qui remet en cause les méthodes et les conclusions des théories antérieures. Elle dénonce les concepts classiques qui ne s'appuient que sur des normes masculines et sont inappropriés[32] pour analyser la criminalité féminine. Sur un plan plus global, le mouvement radical se distingue des précédents féminismes _ égalitaire, ou libéral, et marxiste_ en s'affranchissant de toute autre remise en cause politique de la société, menée par des hommes, c'est-à-dire en centrant leur combat uniquement sur la cause des femmes. Pour autant il est loin d'être uniforme et à partir de cette même démarche des théories différentes voire contradictoires ont été développées.

La pensée féministe radicale matérialiste s'articule principalement autour de la notion de genre, en opposition avec le sexe biologique. Elle s'inscrit dans une logique binaire, le système patriarcal étant le cadre dans lequel s'exerce la domination des hommes. « Pour ces matérialistes, la « différence des sexes » n'est autre que la hiérarchie des sexes. L'idée de différence féminine fut créée par la classe des hommes comme prétexte pour asservir les femmes. L'oppression des femmes est donc à chercher dans la *matérialité* des faits sociaux, des rapports sociaux de sexe, (d'où le nom féministes matérialistes), et non dans la psychologie ou la biologie des femmes[33] ». La socialisation différentielle[34]est directement mise en cause, non plus uniquement sur le terrain des représentations sexistes[35] mais en tant qu'outil politique de reproduction d'un système oppressif patriarcal. Marie-Andrée Bertrand

---

[32] V. not. SMART (C.), Women, Crime and Criminology, a Feminist Critique, in PARENT (C.), préc.

[33] TOUPIN (L.), Les courants de pensée féministe, *Qu'est-ce que le féminisme ? Trousse d'information sur le féminisme québécois des 25 dernières années*, 1997, version enrichie, http://netfemmes.cdeacf.ca/documents/courants0.html, 1998.

[34] « Estas diferencias son determinadas culturalmente, más que reflejadas por su natural diferencia entre sexos. », LIMA MALVIDO (M.), préc., p. 101.

[35] Cf. le féminisme égalitaire, qui envisageait le changement de ces mentalités comme un perfectionnement et non une remise en cause du système.

écrit ainsi que « c'est à l'anthropologie qu'il revient d'avoir secoué les certitudes quant au fondement biologique de l'attribution des rôles sociaux. (…) les règles, que nous avons tendance à croire universelles et éternelles, selon lesquelles les travaux durs et productifs reviennent aux hommes et les corvées routinières et domestiques aux femmes, sont culturellement déterminées. Les rôles "féminins" et "masculins" sont appris plutôt qu'innés »[36].

L'identification par l'enfant des comportements adaptés ou non à son sexe intervient très tôt, avant même que tout contrôle, formel ou informel, ne soit mis en place. La reproduction de modèles d'éducation fortement différenciés, bien que les parents ne les perçoivent pas nécessairement ainsi, confirme et fige ces rôles sociaux. La méta-analyse de Keenan et Shaw (1997) a par exemple montré qu'ils encouragent davantage leurs filles à se préoccuper du bien-être d'autrui, et à réfléchir aux conséquences de leurs actes sur leur entourage[37]. L'utilisation de valeurs sexuées dans l'éducation ne se fait pas uniquement au sein de la famille, l'école en est un autre relais. L'exemple classique est la violence des jeunes garçons dans la cour d'école. Si elle est perçue majoritairement comme un phénomène banal, parfois même normal, celle d'une « bagarreuse » suscitera en revanche immédiatement l'inquiétude.

Les normes sociales auxquelles chacun des sexes doit se référer sont donc intériorisées très tôt. Elles recouvrent, selon la définition de Cendrine Marro, « des caractéristiques psychologiques qu'il convient de présenter suivant le sexe auquel nous a assigné l'État Civil et, en continuité, à des activités censées être appropriées spécifiquement à chacun des deux sexes ». La construction du genre est ainsi liée primitivement aux représentations collectives : « être doux, discret, sensible aux besoins des autres, aimer les enfants, etc. (rôles féminins) ; indépendant, combatif, prendre facilement des décisions, se suffire à soi-même etc. (rôles masculins) ». Ces traits de caractère, ces affinités étant perçus comme innés, l'apprentissage spécifique des normes se pense comme naturel : «On apprend (*aux filles*) à être passives, soumises.

---

[36] BERTRAND (M.-A.), préc.

[37] In LANCTOT (N.), préc.

Introduction 23

Elles sont formées à la domesticité, à la serviabilité, à l'attention particulière aux désirs d'autrui dès leur plus jeune âge. Le choix des jouets est révélateur à ce propos. Partant, on ne les autorise pas à se battre, à utiliser les armes. On leur apprend plus volontiers la non-violence, la douceur, l'affectivité et, plus que l'acquisition de techniques d'auto-défense, on préconise chez elles la recherche de protection »[38].

La théorie du passage à l'acte et de la « personnalité criminelle » développée par le professeur Pinatel complète cette analyse. Plutôt qu'un individu à la structure psychologique atypique, le criminel est en fait un individu comme les autres, avec simplement une aptitude particulière au passage à l'acte. Celle-ci est caractérisée par une accentuation de certains traits de caractère : la labilité, l'égocentrisme, l'agressivité et l'indifférence affective. En France, la première et seule étude globale de la criminalité féminine a été réalisée par le professeur Robert Cario, élève du professeur Pinatel, à l'occasion de sa thèse en 1985[39]. Ses travaux arrivent à la conclusion que les femmes criminalisées présentent les mêmes failles psychologiques que les hommes délinquants. Autrement dit, elles présentent une aptitude plus élevée pour le passage à l'acte, ou, cela peut être formulé ainsi, une socialisation moins réussie. La différence entre une femme ordinaire et une femme judiciarisée n'est qu'une simple question de degré : l'explication de l'a-criminalité des femmes est à chercher prioritairement dans la socialisation particulière de celles-ci.

Cette vision de la société a été amendée d'abord par le « Black Feminism » américain puis par la recherche féministe sur les lesbiennes. L'un comme l'autre ont fait évoluer la pensée matérialiste en intégrant l'oppression des femmes dans un ensemble plus étendu de discriminations exercées par le modèle de société dominant. En particulier l'étude des lesbiennes a permis de remettre en cause un paramètre essentiel qui était totalement absent des analyses précédentes, la dimension hétérosociale du système, laquelle

---

[38] CARIO (R.), préc., p. 81.
[39] CARIO (R.), *La criminalité des femmes. Approche différentielle*, 1985.

favorise le rapport de forces entre hommes et femmes puisqu'elle induit une conception binaire des individus[40].

Il s'agirait ainsi d'une résistance culturelle, et non innée, au crime[41]. «Le courant radical matérialiste se situe donc à une extrémité ou à un pôle de notre continuum : le pôle de l'*explication claiclairement sociale* de l'oppression des femmes »[42]. Cette vision des rapports entre les sexes est, au moins en France, celle qui domine dans la sphère universitaire. Les questions de genre constituent en effet aujourd'hui un thème de recherche en pleine expansion, émancipé des champs disciplinaires en eux-mêmes[43].

A cette conception matérialiste, s'opposent le courant radical « de la spécificité », et celui de la « fémelléité ». Le premier soutient que la domination des hommes se fait par le contrôle du corps féminin, notamment de la maternité et de la sexualité. Il centre donc sa réflexion sur la « réappropriation de leur corps par les femmes », condition nécessaire de leur émancipation. Il s'inscrit, bien plus que les autres, dans une logique militante et s'exprime en particulier dans les combats menés autrefois pour le droit à la contraception et à l'avortement, aujourd'hui contre la violence domestique, la prostitution et la pornographie.

Plus théorique, le courant de la « fémelléité » prend le contrepied de la logique féministe classique. Plutôt que concevoir le rôle des femmes comme une création de l'oppression masculine, il le

---

[40] Elle s'appuie sur l'idéologie du couple et de l'amour, laquelle prône la dépendance des femmes. V. not. WATREMEZ (V.), Elargissement du cadre d'analyse féministe de la violence domestique masculine à travers l'étude de la violence dans les relations lesbiennes, rev. *Labrys*, n° 1-2, 2002.

[41] « On approcherait le phénomène de la déviance féminine de façon beaucoup plus significative si on l'étudiait en relation avec les rôles sexuels féminins dans leurs rapports avec la structure sociale plutôt que d'essayer de comprendre ce phénomène à partir des rôles masculins et de leur articulation à la structure sociale », HEIDENSOHN (F.), La déviance des femmes, une critique et une enquête, 1968.

[42] TOUPIN (L.), préc.

[43] En témoignent l'existence de masters (Paris 8, Lyon 2…) et de laboratoires spécialisés, d'encouragements à cette recherche (IEC, Mnémosyne…), d'associations de chercheurs (Effigies…).

revendique. Proposant une explication plus biologique de la différence des sexes _ proche, chez certaines, de l'essentialisme _, il conçoit le combat féministe comme la défense « d'un territoire, d'un savoir, d'une éthique et d'un pouvoir féminins [44] » contre la société patriarcale et marchande qui cherche à asexuer les individus.

L'absence de consensus des courants radicaux sur la définition même du féminisme se reflète logiquement dans leur conception de la violence exercée par les femmes.

La pensée matérialiste expliquant les différences hommes/femmes uniquement par la socialisation, elle applique la même grille de lecture à l'écart numérique des deux contentieux[45]. Le corollaire nécessaire de leur raisonnement est de s'attendre et même de souhaiter que le nombre de condamnées augmente et atteigne celui des hommes. Cette position semble aller contre le bon sens le plus élémentaire, la finalité des études criminologiques est de comprendre les transgressions pour mieux y faire face, non de les encourager. Il semble plus cohérent de vouloir faire diminuer la violence subie par les deux sexes[46]. Un tel changement est néanmoins perçu comme positif puisqu'il symboliserait l'acquisition de l'égalité entre hommes et femmes. Freda Adler par exemple lorsque la délinquance féminine a légèrement augmenté dans les années 70, s'en est félicitée[47]. Ce lien entre niveau de la criminalité et émancipation est toujours utilisé, les condamnées

---

[44] TOUPIN (L.), préc.

[45] Le thème de la violence féminine demeure néanmoins très peu étudié, le développement actuel des études de genre étant plutôt tourné vers le décryptage social des discriminations subies par les femmes.

[46] Malgré la présentation binaire du phénomène, les hommes sont très majoritairement victimes eux aussi_ de violences commises par d'autres hommes _ et non auteurs, étant entendu en revanche que la violence sexiste est dans les faits toujours dirigée exclusivement envers les femmes.

[47] PARENT (C.) préc.

demeurant marginales, pour démontrer que de profondes inégalités entre hommes et femmes subsistent[48].

L'association entre transgressions pénales et droits des femmes est trop rapide. Le raisonnement pouvait être admis dans les débuts du matérialisme, en raison de l'asymétrie des opportunités criminelles. Quarante ans après pourtant, la stagnation des chiffres devrait avoir convaincu que le taux de condamnations n'avait rien d'un indicateur fiable de l'émancipation féminine. Bien que celle-ci ne soit pas acquise[49], les avancées obtenues grâce aux générations précédentes sont indiscutables. Aussi, à défaut d'être équivalent à celui des hommes, le contentieux pénal féminin aurait dû tout de même augmenter de façon significative. En particulier les crimes acquisitifs_ vols aggravés, trafic de stupéfiants, etc._ devraient avoir atteint un niveau proche de celui des hommes, à cause de la multiplication des contacts sociaux et de la totale indifférence du sexe en ce domaine. Cela n'est pas le cas, loin de là.

L'exemple des pays nordiques de l'Europe est très instructif à cet égard puisqu'ils sont présentés comme les meilleurs modèles d'égalité entre sexes. On peut notamment citer, à l'appui de cette affirmation, le « Global Gender Gap Report », publié par le Forum économique mondial, qui l'évalue à partir de quatre critères : le niveau d'éducation général des femmes, leur poids dans l'économie du pays, l'accès aux soins et l'espérance de vie ainsi que le rôle des femmes dans le domaine politique. Dans le rapport rendu public en novembre 2008[50], la Norvège arrive en tête, suivie

---

[48] « La violence restera fondamentalement asymétrique tant que les classes de sexe feront sens dans nos sociétés et que le système de domination entre les sexes opérera. », WATREMEZ (V.), interview donnée à la Gazette des femmes, 2005, mise en ligne sur le site http://air-libre.org.

[49] Le fait que la société reste discriminatoire (conditions de travail, accès aux postes à responsabilité, répartition des taches familiales et ménagères, etc.) n'est pas en cause, seul le lien avec la commission d'infractions est contesté.

[50] Source : www.weforum.org/pdf/gendergap/report2008.pdf.

Introduction 27

de la Finlande, de la Suède et de l'Islande, ces pays occupant les premières places depuis la création de l'enquête[51].

Ce postulat admis, il est intéressant d'y confronter les chiffres des taux de détention féminins[52]. A titre de comparaison, la moyenne européenne est de 5%, le chiffre médian de 4,8%. Si on lie émancipation et criminalité, la répartition des hommes et des femmes sur l'ensemble des détenus devrait être assez équilibrée dans ces pays, avec un chiffre proche de 50% pour chacun des sexes. Certes, les résultats font apparaître des taux de détention féminins supérieurs à la moyenne dans les quatre États précités. Ils sont précisément de 6% en Norvège, 6,8% en Finlande, 5,8% en Suède et le plus élevé est celui de l'Islande avec 7% de femmes parmi les détenus... Acquérir une place égale aux hommes dans la société n'étant pas synonyme d'une augmentation massive de la criminalité, celle-ci ne peut pas s'analyser uniquement en termes d'émancipation féminine.

L'hypothèse d'une montée de cette criminalité est actuellement de nouveau avancée, à partir notamment des derniers chiffres des mises en causes des femmes[53]. Il nous paraît pour autant hasardeux d'en tirer de telles conclusions pour le moment. Frédéric Ocqueteau démontre[54] facilement que d'autres niveaux d'interprétation sont possibles. Il suggère que le système policier serait devenu moins machiste, moins paternaliste et que serait en

---

[51] Quant à la France, elle occupe la 15e position, après avoir été classée 53e l'année précédente et 70e deux ans avant.

[52] V. Statistique pénale européenne 2007, la plus récente à ce jour.

[53] V. BOE (J.), Les femmes mises en cause en 2006 pour atteintes aux biens et pour violences ou menaces, Repères n°6, juillet 2007 ; WYVELENS (A.), Violences au féminin : Femmes délinquantes, femmes violentes, femmes déviantes, Les Cahiers de la sécurité, 60, 1er trimestre 2006, pp. 7-10 ; SOULLEZ (C.), RISZK (C.), Femmes mises en cause pour crimes et délits, 1996-2004 : Les données de l'état 4001 lues à travers la grille de l'OND, ibid., pp. 11-34 ; SOULLEZ (C.), RISZK (C.), Le nombre de femmes mises en cause pour atteintes aux biens et pour violences augmente entre 1996 et 2004, Grand Angle, Bulletin statistique de l'OND, n°4, novembre 2005.

[54] OCQUETEAU (F.), Des femmes plus délinquantes ou des regards policiers moins tolérants ? A propos des données de l'OND, Les Cahiers de la sécurité, préc., pp. 35-40.

train de disparaître le « syndrome de la femme victime ». Les infractions féminines sont simplement moins tolérées par la société à présent que les femmes y ont acquis des responsabilités, cela ne signifie pas pour autant qu'elles transgressent davantage.

La question est posée dans d'autres pays, tel le Canada, et là aussi les résultats sont interprétés prudemment : « Il s'avère toutefois difficile d'évaluer si une telle hausse émane d'un durcissement de la réaction sociale face à la délinquance des adolescentes et des femmes ou si elle dénote réellement une plus grande participation de ces dernières à des activités délinquantes »[55]. Cette augmentation des mises en cause peut raisonnablement être rattachée à la judiciarisation qui affecte l'ensemble de la société. Il n'existe plus aujourd'hui de catégorie d'individus dont la déviance se jugulerait prioritairement par les contrôles informels plutôt que par le recours aux juges. L'une des conséquences en est que la justice pénale apparait souvent aujourd'hui comme le seul moyen d'intervention face à un problème. N'importe quel individu est alors susceptible d'être mis en cause, non plus uniquement ceux dont le profil est celui de la majorité des criminels (homme jeune). A une époque où l'opportunité de juger les malades psychiatriques et les enfants est questionnée, il devient difficile de concevoir un système préférentiel envers les femmes[56].

Admettre un changement dans la participation des femmes à la criminalité _ et ses modes_ est d'autant plus prématuré qu'il ne s'agit là que des « mises en cause ». Or ce terme, rappelons-le, n'a pas de valeur juridique, il n'est ni synonyme ni de garde à vue ni de mise en examen, et encore moins de condamnation. En particulier l'aggravation des délits féminins qui est présentée est, à l'heure actuelle, peu compatible avec la stabilité remarquable des chiffres de la population carcérale. Ainsi au 1er janvier 1995, il y avait 4,1% de femmes parmi les détenus, soit 2134[57] et au 1er janvier 2009, 3,4% de femmes dans les prisons françaises[58], soit 2093.

---

[55] LANCTOT (N.), préc., p. 464.
[56] Autrement dit un préjugé favorable, qu'il ne faut pas confondre avec une « attitude chevaleresque ».
[57] MARY (F.-L.) préc.
[58] V. *Les chiffres-clés de l'Administration pénitentiaire au 1er janvier 2009*.

Introduction

Si effectivement la violence devenait une circonstance notable de la délinquance féminine on peut légitimement penser que les peines seraient plus dures, donc la proportion de femmes plus importante. Il n'est pas inutile non plus de rappeler que la montée et le durcissement de la criminalité féminine ne sont pas un phénomène signalé pour la première fois, loin de là. Depuis 1975[59] en effet l'alerte est très régulièrement donnée, statistiques pénales à l'appui, et cette uniformisation par le haut présentée chaque fois comme imminente et inévitable.

Les deux autres courants adoptent des positions radicalement opposées. La violence agie des femmes est considérée comme un thème tabou[60], son étude étant parfois assimilée à de l'antiféminisme, voire totalement niée[61]. Il est ici intéressant de préciser qu'ici la violence féminine n'est généralement envisagée que dans un conflit entre sexes, et plus particulièrement réduite au cadre domestique.

Étudier les femmes criminelles serait ainsi, selon certains, vide de sens, l'agressivité étant uniquement associée aux hommes. L'existence de déviantes est alors expliquée de deux manières. Soit elles sont présentées comme n'étant pas de « vraies criminelles », parce que leurs actes ont des excuses[62] et ne remettent pas en cause l'éthique féminine. Soit l'utilisation de la violence signifie que, bien qu'elles soient de sexe féminin, ces condamnées doivent être associées au genre masculin.

---

[59] V. not ADLER (F.), *Sister in Crime: The Rise of the new Female offender*, 1975; DEMING (R.), *Women: The new criminals*,1977.

[60] « Deberíamos preguntar si hay un obstáculo para estudiar la criminalidad femenina, pues hay autores que piensan que el tema genera una actitud irracional y hasta supersticiosa como si el argumento estorbara la investigación o fijara limites indeseables ; es decir, ¿es la criminalidad femenina un tema tabú ? », LIMA MALVIDO (M.), préc., p. 84.

[61] Ces positions ne font pas consensus pour autant et n'empêchent pas les recherches, y compris en France.

[62] Les femmes maltraitées naturellement, mais aussi les femmes trompées, celles souffrant de dépression post-natale, d'une maladie psychiatrique, les amoureuses entraînées par leur compagnon, les alcooliques...

Cette transformation du concept, qui fait des genres masculin et féminin des synonymes de dominant et dominé[63], est contestable. Dans cette présentation, il est qualifié a priori puis accolé à l'un ou l'autre sexe, selon l'adéquation de la personne avec les valeurs prédéfinies, « le genre fonctionne indépendamment du sexe »[64]. Dans la définition originale, le genre n'est que la construction, observée à un moment donné, dans une société donnée, des qualités et comportements attendus des femmes comme des hommes. Il est donc nécessairement attaché au sexe biologique puisqu'il s'y oppose, et surtout il n'est pas immuable. Le genre féminin, entendu comme l'expression des représentations collectives du rôle social des femmes, ne sera pas associé dans tous les systèmes d'organisation politique à la passivité et à la vulnérabilité. Une femme peut être dominante, violente, sans pour autant qu'on doive la penser de genre masculin, elle est simplement une déviante, au sens criminologique.

Sans nier ni le concept ni la réalité de la violence féminine, parler de celle-ci peut tout de même être tabou pour d'autres, qui considèrent que cela nuit à leur combat[65]. Donner une visibilité à ce contentieux serait démontrer que les femmes sont identiques aux hommes, puisqu'également capables de violence. Cela serait alors utilisé par les antiféministes pour remettre en cause la réalité d'un système social inégalitaire, puisque la violence physique est le symbole de l'oppression exercée. La victimisation[66] des femmes, devenue l'image officielle, risquerait d'être discréditée : « Les

---

[63] « La violence est masculine, quel que soit le sexe biologique de la personne», WATREMEZ (V.), Elargissement du cadre d'analyse féministe de la violence domestique masculine à travers l'étude de la violence dans les relations lesbiennes, préc.

[64] Ibid.

[65] Selon Sylvie Frigon, criminologue, le blocage est patent : « Certaines de mes collègues féministes, activistes et praticiennes, ne veulent pas toucher à cela. Elles disent que d'en parler rend le phénomène plus important ».

[66] Elle n'a rien de spécifique au féminisme mais reflète une tendance actuelle. Mettre en avant les violences subies est devenu le moyen le plus efficace, voire indispensable, pour un groupe de légitimer ses revendications.

Introduction

femmes sont victimes par principe[67], les poser et les montrer en "victimeuses" est politiquement incorrect[68] ».

De manière plus pragmatique, il est craint que la reconnaissance de l'existence d'un public féminin criminalisé nuise à celle des victimes, notamment en matière de violences domestiques alors que la gravité et l'ampleur du phénomène commencent à peine à être prises en compte[69]. Certaines redoutent même que les politiques sociales contre la violence conjugale soient moins dirigées envers les femmes, qu'elles soient partagées dans la même proportion avec les hommes victimes. Cette peur paraît pourtant infondée, ces mesures ne sont pas sexuées par principe mais en raison des faits, à savoir que le public qu'elles visent à aider est in concreto essentiellement féminin.

Considérer comme sans intérêt ou encore comme un danger potentiel toute réflexion sur les délinquantes et criminelles nuit à celles-ci[70]. Il est dommage que le féminisme ne se saisisse que rarement de leur cause. S'intéresser aux femmes auteurs d'infractions n'a rien d'incompatible avec la dénonciation des inégalités sexistes. Il suffit de comparer les chiffres des condamnations prononcées à l'encontre des individus des deux sexes, ou bien encore ceux des auteurs et des victimes, pour discréditer toute tentative d'assimilation des violences masculines et féminines.

---

[67] Ce nouveau parti pris comporte des risques en reprenant paradoxalement la vision patriarcale. L'image de la femme sans défense, potentiellement victime et réclamant une protection (aujourd'hui celle de l'Etat) a précisément servi à justifier la domination masculine.

[68] SHAW (M.) et DUBOIS (S.), *Rapport sur la violence des femmes*, 1995, p. 178, in LAVERGNE(C.), LABROSSE (J.), Violence des femmes : faisons la part des choses, *Femmes et Justice*, printemps 1999.

[69] V. not. KELTOKOVA (O.), *Violence domestique*, Rapport de la Commission Européenne pour l'égalité des chances, Conseil de l'Europe, 2002 : En Europe, la violence familiale est la 1ère cause de mortalité et d'invalidité des femmes entre 15 et 44 ans, avant le cancer, les accidents de la route et les guerres.

[70] En particulier, cela freine la mise en place d'une politique de prévention tournée vers les femmes et laisse le champ libre au sensationnalisme et aux approximations, faille amplement exploitée par les « masculinistes ».

L'étude présentée ici porte sur les femmes criminelles, soit uniquement celles ayant commis des actes qualifiés de crimes dans le Code pénal français. Ces infractions, quoiqu'étant aussi des constructions juridiques, présentent une plus grande stabilité à travers l'histoire et l'espace, ce qui permet de les utiliser comme références. Il s'agit en outre des transgressions les plus graves, ce qui signifie qu'elles sont peu dépendantes des circonstances extérieures (contrairement à la délinquance acquisitive) ou des politiques pénales (ce qui est le cas par exemple des infractions à la législation sur les stupéfiants). Ce contentieux peut donc apporter des réponses plus significatives aux interrogations soulevées par la criminalité féminine.

Il suffit pour s'en convaincre d'étudier l'évolution des chiffres en cette matière. Quand bien même serait admise l'hypothèse, évoquée précédemment, d'une montée réelle des transgressions pénales féminines, celle-ci devrait alors être entendue comme concernant uniquement les actes de délinquance. En effet nous pouvons récuser cette proposition s'agissant de notre objet particulier d'étude. Si on se réfère à la période 2000-2007, le nombre de condamnations de femmes pour un délit a certes augmenté en valeur absolue (de 41 468 à 64 054) comme en valeur relative (de 9,3% à 9,4%). En revanche, selon les mêmes sources officielles[71], le nombre de condamnations pour crime a baissé en valeur absolue (de 183 à 153) comme en valeur relative (de 6,0% du total à 4,5%). Étant donné le faible nombre de cas, il est plus juste de dire que celui-ci est resté très stable sur la dernière décennie, pendant que celui des condamnations masculines en matière criminelle continuait à augmenter.

D'un point de vue méthodologique, notre recherche a été menée dans un esprit pluridisciplinaire et, au regard du manque de données chiffrées disponibles, l'aspect empirique des recherches a été privilégié. Ces informations ont été recueillies personnellement, notamment dans l'univers carcéral. Les établissements auxquels nous nous sommes adressée sont des centres de détention, établissements pour peine accueillant des condamnés à un an

---

[71] Annuaire statistique de la justice 2006 ; Condamnations inscrites au casier judiciaire en 2007.

Introduction 33

et plus et orientés vers la resocialisation des détenus. Tous les centres de détention ouverts au moment de notre recherche[72], Bapaume, Joux-la-Ville et Rennes, ont pu ainsi être visités. Dans les deux premiers, nous avons en outre été accueillie avec amabilité pour une étude plus longue, une semaine à Joux-la-Ville et deux à Bapaume. Il nous a ainsi été possible d'observer directement le quotidien des femmes et plusieurs entretiens ont été menés avec les différents acteurs de chacun des établissements. Nous avons aussi pu assister à des réunions, commissions et entretiens, ainsi qu'aux activités des détenues. A l'extérieur, plusieurs membres d'associations en lien avec le milieu carcéral nous ont reçue. Une rencontre a également eu lieu avec un expert-psychiatre, le docteur Daniel Zagury, qui a accepté de nous aider à décrypter l'aspect psychologique des passages à l'acte féminins. Cet échange nous a permis d'affiner les analyses, en apportant un certain nombre d'éclairages indispensables sur le sujet. Tous ces entretiens ont été menés avec souplesse, une liste de thèmes préparée mais sans questions prédéfinies ni limites concernant le sujet. De cette manière chacun a ouvert de nouvelles perspectives, qui ont enrichi la recherche. S'agissant des femmes rencontrées, les contacts informels ont été privilégiés et l'initiative de la conversation, ainsi que des thèmes abordés, leur a été entièrement laissée. A toutes ces rencontres individuelles s'ajoutent les observations personnelles tirées des nombreuses audiences de Cour d'assises que nous avons suivies.

Les statistiques officielles ne permettant pas de croiser les données, nous avons demandé, et obtenu pour les établissements de Joux-la-Ville et de Bapaume, l'autorisation de travailler sur les dossiers pénaux des détenues actuellement incarcérées. Ont été principalement exploités dans ceux-ci l'ordonnance de renvoi devant la Cour d'Assises, qui récapitule les éléments rassemblés durant l'instruction, et les rapports d'expertise de la personne condamnée. La base de données est constituée aussi d'articles de presse écrite, élargissement justifié par deux raisons. Le premier objectif était de diversifier l'échantillon : si les dossiers sont plus

---

[72] Trois établissements, dont seulement un leur est entièrement réservé, celui de Rennes. Depuis, un quatrième CD mixte (avec un quartier de femmes, soit 90 places sur 600), a été ouvert à Roanne.

complets, leurs résultats ne pouvaient concerner que les condamnées à de moyennes et longues peines, puisqu'en centre de détention. Les articles de presse ont permis de rendre l'ensemble plus représentatif, et cela n'était pas inutile. Le second motif était une hypothèse concernant les images de ces femmes véhiculées dans la presse, vérifiée à partir des mêmes articles. Les titres qui ont été exploités sont *Clicanoo, La Dépêche du Midi, La Voix du Nord, Le Dauphiné Libéré, Le Figaro, Le Monde, le Parisien, Le Progrès, Les Dernières Nouvelles d'Alsace, Nice-Matin, Ouest-France* et *Sud-Ouest*.

Les critères matériels retenus pour la sélection d'une affaire dans l'échantillon sont la condamnation d'une femme majeure[73], par une Cour d'assises française[74], pour une infraction où la réclusion criminelle était encourue, prononcée entre 1996 et 2008 inclus.

Les différents éléments ont été relevés à partir d'une même grille de lecture. Celle-ci se divise en quatre grandes catégories d'informations : sur la condamnée, sur les actes commis, sur le ou les coauteurs le cas échéant, et sur les suites pénales du dossier. Une cinquième catégorie a été ajoutée lorsque la grille était remplie à partir d'articles de presse, celle de l'image médiatique. Chacune a elle-même été subdivisée en plusieurs parties[75], afin que les données soient uniformément retranscrites. Certaines informations[76] n'ont été relevées qu'à partir des dossiers pénaux pour des raisons d'accessibilité et de fiabilité, afin de ne pas fausser les résultats. L'étude statistique présentée ici s'appuie au total sur 145 dossiers pénaux et 1137 articles de presse. Au total, 554 affaires ont été dépouillées. Naturellement, au-delà des résultats chiffrés, les ana-

---

[73] Les mineures étant doublement a-normales (âge et genre), les problématiques soulevées par leur déviance sont différentes.

[74] France métropolitaine et départements d'outre-mer.

[75] Par exemple, la première contient l'âge, la situation matrimoniale, le nombre d'enfants, le niveau d'études, la profession, celle des parents et du compagnon, la taille de la fratrie d'origine, la nationalité, les violences subies, les dépendances, les antécédents judiciaires et médicaux et les « autres informations » le cas échéant.

[76] Niveau scolaire, taille de la fratrie d'origine, violences subies et traits de personnalité.

Introduction

lyses présentées s'appuient également sur nos observations et sur les histoires directement confiées par les personnes rencontrées.

Les deux partis pris évoqués, valorisation de la violence féminine d'un côté, déni de l'autre, ont été entendus à plusieurs reprises durant nos travaux de recherche. Le choix de ce sujet a par exemple été tantôt inscrit par notre interlocuteur du moment, quel qu'il soit, dans une démarche féministe, tantôt dans une démarche inverse[77], souvent d'ailleurs à partir des mêmes arguments... La simple évocation des femmes criminelles est ainsi spontanément reliée à une problématique de genre. Les théories formulées sur le sujet, y compris celles émanant des féministes, ont comme point commun de n'envisager cette population qu'en comparaison avec celle des hommes. Quelle que soit leur vision de la violence, pouvoir ou oppression, le modèle est masculin. Que celui-ci soit valorisé, jalousé ou critiqué, il reste la référence autour de laquelle toute la pensée se construit. Ces discours ne sortent donc pas de l'organisation patriarcale de rapports de force entre genres, même lorsqu'ils la combattent.

Nous avons choisi ici de ne pas étudier le sujet sous l'angle comparatif avec les hommes. Les réactions sociales que ces crimes engendrent les classent d'ailleurs spontanément à part, ils ne sont pas une fraction de l'ensemble, ils sont un phénomène particulier. L'image féminine a été élaborée par les hommes[78], or le crime menace cette construction et, partant, celle de la société, ce qui peut expliquer partiellement le désintérêt scientifique. L'étude des réactions excessives face à ces transgressions est aussi l'occasion de s'interroger sur ce qu'est aujourd'hui une « femme normale ».

Il nous est surtout apparu qu'il était plus utile et enrichissant d'étudier les « crimes au féminin » en eux-mêmes. Cette formulation vise à signifier qu'il n'est pas uniquement question de présenter les crimes de femmes, commis par des individus de sexe féminin, pas plus que les crimes féminins, qui correspondent au genre féminin. Il s'agit d'étudier la notion de crime lorsqu'elle est conjuguée par les femmes et uniquement elles, « au féminin », en-

---

[77] Qui n'étaient ni l'une ni l'autre revendiquées.
[78] LEBLOIS-HAPPE (J.), préc.

dehors de toute autre référence ; de donner une vision de la transgression à partir de la réalité féminine.

La spécificité criminologique retenue est toujours la faiblesse numérique des condamnées, puisque la question est au cœur de presque toutes les études. L'intérêt qu'elle présente nous semble pourtant mal formulé : il ne s'agit pas de se demander pourquoi les femmes commettent moins de crimes que les hommes, mais bien plutôt pourquoi eux en commettent tellement plus. Si cette reformulation a l'air naïf, elle permet pourtant d'inverser la perspective. Ce ne sont pas les femmes à qui il manque ce quelque chose, que des auteurs cherchent à identifier depuis un siècle, pour être des criminelles « normales ». Au contraire, il est plus cohérent de considérer leur criminalité comme la norme. Elle est le meilleur modèle des deux, la criminalité des hommes devrait donc être étudiée en fonction d'elle. Il n'y a pas de raison d'accepter l'importance du contentieux criminel masculin comme allant de soi, alors que l'exemple féminin montre qu'il serait possible de le faire diminuer très fortement[79].

Connaître et comprendre la criminalité féminine est également un préalable indispensable à toute réflexion qui aurait pour objectif de prévenir les transgressions. En étudiant l'exception numérique plutôt que ce que l'on considère abusivement comme la norme, on pourra approcher au plus près ces problématiques[80]. Il est permis de penser que ces femmes présentent des caractéristiques suffisamment exacerbées pour faire apparaitre en quoi l'effet « protecteur » du genre n'a pas fonctionné. Il est tout autant envisageable que ce soient leurs crimes qui s'inscrivent dans un passage à l'acte réfractaire aux spécificités féminines positives. Refuser une démarche comparative permet de détailler ce contentieux. Il y a longtemps qu'on ne parle plus de « l'homme criminel » en général, qu'on étudie des profils de plus en plus ciblés de trans-

---

[79] LORVELLEC (S.), Prévention et répression de la criminalité des femmes, in *La criminalité des femmes*, 1989, p. 96.

[80] Des initiatives innovantes sont développées sur le terrain. Par exemple, au Québec existent depuis quinze ans des maisons d'accueil et des programmes de gestion de la violence spécifiquement destinés aux femmes.

Introduction

gresseurs. Il est logique de penser que, de la même manière « la femme criminelle n'existe pas »[81].

Cette première recherche s'articule donc autour des caractéristiques attachées aux crimes et à leurs auteurs, dans les faits comme dans leur perception. « Le Droit français ignore le genre, plus qu'ailleurs sans doute [82] », mais les criminelles sont-elles pour autant jugées en-dehors de lui ? Exceptionnelles parmi les femmes, puisque criminelles, sont-elles des femmes exceptionnelles ? Les crimes des femmes sont-ils féminins ? Ces trois ensembles _ société, femmes et crimes _, et leurs interactions sont présentés dans une logique de progression, commençant, en première partie, par ces coupables particulières, entre images et réalité criminologique, puis en précisant, dans une seconde partie, ce portrait par l'étude et la compréhension de ces passages à l'acte particuliers.

---

[81] CARLEN, *Criminal Women*, 1985, in PARENT (C.) préc.

[82] PERROT (M.), in BARD (C.), CHAUVAUD (F.), PERROT (M.), PETIT (G.) (dir.), préc., p. 12.

1ère PARTIE
Criminelles et société

Imaginaires ou réelles, les criminelles alimentent les fantasmes, leur rareté expliquant en partie l'exacerbation de la réaction sociale. Encore aujourd'hui, l'image de la femme convaincue de crime, projetée par les médias, véhiculée dans l'opinion publique, témoigne de la violence ressentie face à ces faits divers. Il n'est pas question ici d'y confronter une théorie de « la » femme criminelle, qui ne pourrait être qu'aussi caricaturale que ces constructions populaires. Néanmoins, il ne nous paraît pas inutile de faire ressortir les éléments communs, le cas échéant, à la plupart de ces condamnées. Puisque la très grande majorité des femmes ne sont pas et ne seront jamais criminelles, il est primordial de déterminer ce qui dans leur profil, leur histoire ou les circonstances ont pu amener celles-là à le devenir.

Chapitre 1. Fantasmes et figures féminines du crime

Les héroïnes de faits divers provoquent des réactions passionnelles dans le public, et les médias y participent pleinement. Chacune de ces affaires entretient la conviction fascinante, illustrée depuis l'Antiquité par des mythes culturels et religieux, que toute femme est potentiellement un danger pour l'homme[83].

A titre d'exemple, *Le Petit journal*, l'une des premières publications à rapporter à outrance ces dossiers, a publié durant les années où il fut édité davantage d'affaires de femmes auteurs que d'hommes, alors que nous savons l'importante différence numérique entre les deux. Cet écart dans la médiatisation n'a pas disparu aujourd'hui : « On constate une sur-représentation des affaires où la femme est l'auteur. La presse parle peut-être préférentiellement des crimes dits passionnels commis par des femmes parce que, par un effet de saillance, ces affaires suscitent davantage d'intérêt dans le public »[84].

Elle transforme alors ces femmes en personnages littéraires, aussi symboliques qu'elles peuvent l'être dans les œuvres de fiction. Une des meilleures illustrations en est Milady de Winter, grand symbole littéraire de femme dangereuse. La création d'Alexandre Dumas (1844) « réunit tous les visages de la femme maléfique : sorcière, empoisonneuse, séductrice et courtisane »[85]. Face à cette accumulation de vices, il fallait évidemment proposer un second personnage extrême, la femme vertueuse, Constance Bonacieux, soumise, passive et dépendante. Ce schéma simpliste n'est pas réservé à la fiction, au contraire il est précisément celui

---

[83] Eve, Pandore, Dalila, Salomé, Circé, sorcières, sirènes, la liste est interminable.

[84] MERCADER (P.), HOUEL (A.), SOBOTA (H.), L'asymétrie des comportements amoureux : violences et passions dans le crime dit passionnel, *Sociétés contemporaines*, n°55, pp. 91-113, 2004.

[85] DEMARTINI (A.-E.), in TSIKOUNAS (M.) (dir.), préc., p. 40.

qui, systématiquement, est utilisé dans la représentation des femmes criminelles. Les excès caricaturaux de ce duo ne sont pas uniquement dus à la rareté des condamnées. Les constructions médiatiques et littéraires du XIXe siècle transmettent d'abord l'idée qu'une femme qui ne respecte pas les règles met en danger tout l'équilibre social. Les différentes figures qui apparaissent s'appuient moins sur la réalité du contentieux que sur les messages sociaux qu'elles envoient. Un siècle plus tard, alors que la société a sensiblement évolué, la représentation des criminelles se traduit pourtant toujours en images stéréotypées.

Section 1. Représentations classiques

Ces grandes figures se sont illustrées dans des faits divers qui, pour être rares, cristallisaient tous les fantasmes d'une société dominée par les hommes. Au XIXe siècle, la presse à sensation qui se développe participe pour beaucoup à cette édification, en choisissant de relater en priorité ces histoires qui multiplient les tirages. Chaque cas est l'occasion de rappeler les valeurs de la société qui ont été transgressées. Il s'agit par ailleurs de représentations encore remarquablement présentes dans notre imaginaire collectif.

§ 1. L'empoisonneuse

Elle est la femme criminelle par excellence. Chaque fois que nous avons évoqué les recherches que nous menions notre interlocuteur[86] a enchaîné avec le thème des empoisonneuses, association d'idées quasi-automatique. Pourtant il ne s'agit en rien d'une infraction représentative de cette population[87]. On peut parfois lire que l'empoisonnement féminin aurait précisément diminué au cours du siècle dernier, ce qui expliquerait les chiffres d'aujourd'hui. Ce n'est là encore qu'une légende, tellement répétée qu'elle n'est pas remise en cause. Régine Fourteau affirme elle au contraire : « L'empoisonnement est plus d'action masculine que féminine (…). Les meurtres ou tentatives de meurtre par empoisonnement sont majoritairement (au moins ceux qui furent punis

---

[86] A l'exception des intervenants en établissements pénitentiaires de femmes.
[87] CADIET (L.), in TSIKOUNAS (M.) (dir.), préc., p. 188 ; CARIO (R.), thèse préc.

ou judiciarisés) exercés par la main masculine.[88] ». Ce n'est pas le nombre mais la publicité faite à telles affaires, certaines sont encore célèbres aujourd'hui, qui a forgé cette légende.

La première d'entre elles, non par la chronologie mais par la perfection de son profil, est la marquise de Brinvilliers. Son histoire est particulièrement intéressante[89] quant à ce que signifie socialement la construction d'une image, car elle réunit tous les travers de la déviante, trahissant chacun des rôles assignés à son sexe. Marie Madeleine Dreux d'Aubray est d'abord une épouse infidèle : c'est avec son amant, Godin de Sainte-Croix, qu'elle apprend l'art des poisons. Elle est une femme cruelle : elle perfectionne ce savoir en l'exerçant sur les pauvres qu'elle visite. Fille et sœur dénaturée, elle trahit les liens familiaux en empoisonnant son père, puis ses frères et sa sœur. Elle essaie ensuite de supprimer son mari puis son amant, sans succès. Le mobile de ses meurtres est l'un des plus odieux : l'argent. Enfin, elle utilise les moyens naturels de l'empoisonneuse : la nourriture et les soins médicaux qu'elle prodigue hypocritement à ses victimes.

Son arrestation est à l'origine de l'ouverture d'une instruction criminelle de grande ampleur, qui associa durablement sexe et mode opératoire. L'affaire des Poisons[90] (1672-1682) met en cause une quarantaine de femmes, avec comme personnage central la Voisin[91]. Celle-ci avait fourni du poison à toutes les autres, de conditions sociales très différentes. Cela explique l'attention prêtée à cette enquête par l'opinion publique. Plusieurs épouses de parlementaires sont impliquées, des dames appartenant à la noblesse, jusqu'à Mme de Montespan, ancienne maîtresse de Louis XIV dont la mise en cause signe la fin de l'instruction. L'importance numérique, pour une fois, des femmes impliquées et leur rang social ont frappé les esprits de l'époque, comme des suivantes.

---

[88] FOURTEAU (R.), *La controverse des sexes au travers de l'œuvre de Brantôme*, in GENUIT (P.), *La criminalité féminine : Une criminalité épicène et insolite. Réflexions d'épistémologie et d'anthropobiologie clinique*, Université Rennes 2, 2007.

[89] Elle a notamment été choisie par Alexandre Dumas pour ses *Crimes célèbres*.

[90] DUPRAT (A.), in TSIKOUNAS (M.) (dir.), préc., p. 148.

[91] De son vrai nom Catherine Deshayes.

La période contemporaine est particulièrement riche en crimes d'empoisonneuses, grâce à la diffusion de la presse spécialisée. Cela tient aussi à la nature du crime : les expertises médicales commencent à apparaître. Les XIXe et XXe siècles sont l'époque des grandes batailles d'experts aux Assises, lesquelles ont une audience considérable.

Le procès de Marie Capelle, épouse Lafarge, est un bon exemple de l'intérêt que suscite ces accusées, elle dont l'innocence ou la culpabilité furent l'objet de discussions jusqu'à l'intérieur des familles. Jeune femme de la haute bourgeoisie, accusée d'avoir empoisonné son mari, elle est tantôt présentée comme un ange et tantôt comme un démon, puisqu'elle n'avoue rien.

A l'inverse la culpabilité d'Hélène Jégado n'a jamais été mise en cause, peut-être est-ce pour cela qu'elle n'a pas autant marqué l'Histoire[92]. Pourtant elle serait « peut-être le tueur en série français le plus important du XIXe siècle »[93]. Le nombre de vingt-cinq est avancé pour ses victimes, et encore ne s'agit-il là que de celles qui ont succombé. Elle a tué sans critère d'âge, de sexe ou de rang, sur une période de dix-huit ans. Cuisinière, c'est dans l'exercice de ses fonctions qu'elle a agi, ajoutant de l'arsenic, qu'elle gardait à portée de main, dans la soupe.

L'histoire de Violette Nozières dépasse largement la simple figure de l'empoisonneuse, comme le montre l'étude d'Anne-Emmanuelle Demartini[94]. Cette jeune fille, dix-huit ans au moment des faits, empoisonne ses parents, tuant son père, sa vraie cible. Le mobile de son geste était l'inceste dont elle était la victime (plausible selon les éléments de l'enquête). Il s'agit ainsi avant tout d'une histoire de parricide, que le mode opératoire ne fait qu'aggraver. La mauvaise réputation de la jeune fille joue beaucoup contre elle : « la fille dénaturée, monstre insensible et

---

[92] Il faut préciser que son procès d'Assises a débuté en 1851, seulement quelques jours après le coup d'État de Louis-Napoléon Bonaparte.

[93] CHAUVAUD (F.), in TSIKOUNAS (M.) (dir.), préc., p. 106.

[94] DEMARTINI (A.-E.), ibid., p. 58 ; même auteur, « La figure de l'empoisonneuse, de Marie Lafarge à Violette Nozières », colloque *Figures de femmes criminelles*, 7 mars 2008.

Fantasmes et figures féminines du crime 45

débauché [95] ». Elle devient l'incarnation de la révolte contre la société de son temps, l'esprit des Années Folles, et à ce titre soit diabolisée soit magnifiée, par le mouvement surréaliste.

Cette rapide énumération est déjà suffisante pour mettre en lumière les éléments qui caractérisent la figure de l'empoisonneuse.

Celle-ci est d'abord une femme résolue dans le crime, l'usage du poison allant nécessairement de pair avec la préméditation. François Mauriac parlait d'« un monstre de lucidité et de calcul » au sujet de l'empoisonneuse Thérèse Desqueyroux, à ses yeux « une créature plus odieuse que tous mes autres héros ». Le passage à l'acte serait en cela spécifique, présenté comme une « vengeance savourée et préméditée »[96]. Ce crime est le plus souvent associé à un mobile détestable, l'adultère ou l'argent.

« Les femmes sont suspectées du fait de leurs activités ancillaires et domestiques. Elles utilisent des herbes pour la cuisine et les soins. Ces préparations proches de l'alchimie sont objet de révérence mais aussi de fantasmes et suspicions »[97]. La femme tient ainsi un rôle dans la famille qui lui permet très facilement de tuer. Il s'agit de domaines qu'elle dirige, et dans lesquels les hommes sont passifs, vulnérables : en profiter constitue une trahison. « C'est sans doute que, dans l'imaginaire collectif, l'empoisonneuse présente l'image inversée de la mère nourricière »[98].

C'est cette inversion du pouvoir qui, plus que tout autre élément, associe le poison au genre féminin, bien que des hommes l'aient utilisé et l'utilisent toujours. Même l'affaire des Poisons impliquait également des hommes, notamment le maréchal de Luxembourg, ce qui est la plupart du temps occulté. Les éléments rassemblés durant cette enquête prouvent pourtant que les

---

[95] Ibid.
[96] Ibid.
[97] FOURTEAU (R.), préc.
[98] CADIET (L.) préc., p. 188.

« poudres de succession », tel qu'on les a appelées, n'étaient pas une spécificité féminine[99].

Il faut souligner que pour être identifiée comme une « empoisonneuse », il ne suffit pas d'utiliser le poison. Si ces femmes ont été diabolisées, c'est d'abord et surtout parce qu'elles illustrent la trahison du rôle féminin, la transgression d'une des valeurs sociales essentielles. Ce qui les sépare des autres condamnées est le fait de s'être attaqué aux symboles de cette société, l'employeur (Hélène Jégado), le père (La Brinvilliers, Violette Nozières) et l'époux (Marie Lafarge).

§ 2. La mère meurtrière

La figure classique[100] en matière de libéricide[101] est celle de Médée. Épouse de Jason, sans qui il n'aurait jamais conquis la Toison d'or, elle est rejetée par celui-ci pour une autre femme. Elle brûle alors sa rivale et le père de celle-ci, puis égorge ses propres enfants. Cette même histoire donne lieu à des interprétations contraires[102]. Tantôt Médée apparaît comme l'archétype de la mère monstrueuse, avec des représentations très violentes de son acte : vengeresse, elle supprime ses enfants dans le seul but de détruire Jason. Tantôt elle est au contraire une femme désespérée, qui tue dans un élan passionnel.

La mère qui commet un néonaticide attire une grande indulgence. Déjà Beccaria excusait son acte en écrivant : "L'infanticide est le résultat inéluctable de l'alternative où est placée une femme qui a succombé par faiblesse ou qui a été victime de la violence. Entre la honte et la mort d'un être incapable d'en ressentir les

---

[99] Ibid.

[100] Elle a inspiré plusieurs centaines d'œuvres, de l'Antiquité, pièces d'Euripide, Ovide et Sénèque, au XXe siècle, avec celle d'Anouilh et le film de Pasolini, en passant par le célèbre tableau de Delacroix *Médée furieuse* ou encore la pièce de Corneille.

[101] Le terme est utilisé pour désigner le meurtre d'un enfant au-delà des trois premiers jours (par opposition donc à l'infanticide).

[102] SCHMITT-PANTEL (P.), TILLIER (B.), in TSIKOUNAS (M.) (dir.), préc., pp. 55-56.

atteintes, comment ne choisirait-elle pas ce dernier parti ?[103]». Elle est, traditionnellement, une très jeune fille, issue du peuple, seule au monde. Séduite, voire forcée puis abandonnée, elle panique et, dans l'état de «folie» qui suit l'accouchement, tue l'enfant. Dans la littérature, on retrouve ce profil typique dans *Rosalie Prudent*, de Guy de Maupassant. La servante, une jeune fille, avait été séduite par le neveu de ses employeurs. Enceinte, elle avait alors économisé pour pouvoir s'occuper de l'enfant. Mais, au moment de l'accouchement, elle découvre que ce sont des jumeaux. Ne pouvant les garder tous les deux et ne sachant choisir, elle les étouffe. Cette histoire est clairement décrite avec compassion pour la mère, tandis que la réprobation s'adresse aux autres personnages, les patrons et leur neveu.

En revanche, si la mère ne correspond pas à cette figure, elle devient a fortiori un objet de répulsion et d'horreur. Dans ce cas-là, ce n'est plus l'infanticide mais le monstre, l'ogresse. Ainsi les néonaticides commis dans la bourgeoisie non seulement n'attirent aucune indulgence mais, pire, ce sont doublement des criminelles, puisqu'elles privent leur mari de sa descendance et bafouent leur rôle social de reproductrice. Même horreur devant celle qui tue les enfants d'une autre. « Tel l'ogre de la légende, elles menacent la société toute entière car elles en sapent les fondements et annihile sa reproduction »[104]. Jeanne Weber, l'ogresse de la Goutte d'or[105], en est une célèbre illustration. Nourrice, elle est accusée dès 1906 de meurtres d'enfants placés sous sa garde puis acquittée à deux reprises, grâce aux affirmations péremptoires d'un expert aliéniste. Il faudra qu'elle soit prise en flagrant délit en train d'étrangler un septième enfant pour être enfin internée. Elle transgresse doublement, en tuant les enfants d'une autre femme et en trahissant la confiance qu'on avait placée en elle, de par sa fonction.

Les mères maltraitantes, celles qui négligent leurs enfants ou usent de la violence contre eux, sont également impardonnables. On peut penser aux nombreuses illustrations qui en sont faites

---

[103] BECCARIA (C.), *Des délits et des peines*, Ed. GF-Flammarion, 1991 (1764), p. 146.
[104] GAUVARD (C.), in TSIKOUNAS (M.) (dir.), préc., p. 70.
[105] BIHL (L.), ibid., p. 73.

dans les contes pour enfants, telles les marâtres de Blanche-Neige et de Cendrillon[106]. « Dans l'imaginaire collectif la mère qui ne protège pas les siens mais les persécute jusqu'à leur donner la mort, parfois en leur faisant subir toutes sortes de souffrances, est un être de cauchemar, une brute capable de violences inouïes »[107].

Un point commun entre tous ces meurtres d'enfants : il s'agit des crimes les moins représentés visuellement. « La mauvaise mère correspond assurément au domaine de l'irreprésentable. Il ne s'agit pas ici de convenances, mais de singularité d'une expérience humaine que l'on ne peut faire partager »[108].

§ 3. La femme trahie

Traditionnellement, l'honneur est uniquement une affaire d'hommes, y compris lorsque la femme est concernée. Père, frère ou mari, peu importe, ce n'est pas à elle de se faire justice. L'équivalent existe pourtant pour une femme, il s'agit de la réputation. Il s'agit de son bien le plus précieux, quelle que soit sa classe sociale. « C'est un capital à défendre, au prix de sa personne, et cela en dépit des lois, sous peine d'une intolérable déchéance »[109]. Si celle des hommes résiste à beaucoup de choses et peut se rétablir, ce n'est pas le cas pour une femme : « Sa dignité, qui est faite de délicatesse et de réserve, s'altère plus vite et plus profondément que celle de l'homme : car pour se réhabiliter elle n'a ni la vie active ni les effets publics du dévouement patriotique »[110].

Une « femme honnête et mère de cinq enfants » [111] sera crédible en plaidant la légitime défense face à un homme. Mais si elle est légère, le meurtre d'un homme, fusse-t-il malhonnête, sera jugé

---

[106] Il est tout à fait intéressant de constater que le tabou se retrouve jusque dans ce type de récits : si les pères peuvent être parfois coupables, ce sont très symboliquement les belles-mères qui sont mises en cause, et non pas les mères.

[107] CHAUVAUD (F.) ET DUPRAT (A.), ibid., p. 68.

[108] Ibid.

[109] GUILLAIS (J.), préc. p. 47.

[110] JOLY (H), préc., p. 392.

[111] DUPRAT (A.), préc. p. 112.

durement. De même, une femme qui tue pour sauvegarder sa réputation pourra être jugée avec indulgence. Henriette Caillaux fut ainsi l'objet d'un débat à son époque. Elle avait assassiné Gaston Calmette, directeur du Figaro, qui, dans le cadre d'une campagne politique contre son mari, ministre, publiait des lettres intimes la concernant. Elle craignait que sa vie privée, compliquée pour l'époque, soit dévoilée. Elle a finalement été acquittée, présentée comme une mère soucieuse de protéger sa fille du scandale. Ce verdict fut dans le même temps accueilli par des huées par ceux qui considéraient au contraire qu'une femme divorcée, adultère qui plus est, ne pouvait plaider qu'elle avait encore une réputation à préserver.

Selon Cesare Lombroso, alors que le criminel passionnel est presque un homme normal, la femme criminelle passionnelle serait laide, vicieuse, immorale, très proche de la prostituée, ce qui veut tout dire quand on a lu son œuvre. Ce n'est pas là l'opinion publique, telle qu'elle s'exprime aux Assises de l'époque puisque les « acquittements scandaleux » fleurissent[112]. Les auteurs masculins sont comme d'ordinaire beaucoup plus nombreux, neuf crimes passionnels sur dix d'après l'étude de Joëlle Guillais[113]. La représentation du passage à l'acte passionnel diffère selon le genre. La figure masculine, qui n'exprime pas nécessairement la réalité du contentieux, est liée à la notion d'honneur. Il s'agit classiquement du mari trompé qui tue sa femme et l'amant de celle-ci. Jusqu'en 1975 il était d'ailleurs possible que le mari bénéficiât d'une totale impunité pour ce crime[114].

La figure du crime passionnel conséquence d'un amour trahi est plutôt féminine. L'amour est un sentiment « féminin par nature », et il paraît très plausible, au XIXe siècle, que la femme n'ait

---

[112] CHASSAING (J.-F.), L'incrimination des femmes dans le temps : l'histoire du statut pénal de la femme, intervention au colloque *Figures de femmes criminelles* préc. ; même auteur, Femmes criminelles, article en ligne : http://www.jfrc.net/opinions.htm.

[113] Ibid.

[114] « Dans le cas d'adultère, le meurtre commis par l'époux sur l'épouse, ainsi que le complice, à l'instant où il les surprend en flagrant délit dans la maison conjugale, est excusable » C. pén. art. 324 (anc.).

pas les capacités nécessaires pour se conduire raisonnablement et maîtriser ses élans. C'est ainsi, rappelons-le, que Gabriel Tarde, dans *La criminalité comparée*, la décrit : « Elle se rapproche du sauvage, du bon sauvage. [...] En elle nous retrouvons l'image passionnée et vive, inquiétante et gracieuse, dangereuse et naïve de la primitive humanité ». L'honnête femme qui tue celui qui la trahit commet donc un geste déraisonnable mais compréhensible.

Par exemple, Marie Brière, artiste lyrique, qui tente de tuer son amant en pleine rue (1889)[115]. Il l'avait séduite, avec une promesse de mariage, puis avait refusé de reconnaître leur enfant. La petite fille avait dû être placée en nourrice, où elle était morte. Ou encore Yvonne Chevallier dont le mari, choisi comme secrétaire d'État grâce aux relations de sa belle-famille, la trompe, l'humilie et enfin l'abandonne pour une maîtresse au lendemain de sa nomination. Au cours de leur dernière scène de ménage, elle abat l'infidèle de quatre coups de revolver. Une variante célèbre est l'image de la femme jalouse qui s'attaque à sa rivale. L'arme qui alimenta à l'époque le plus les fantasmes est le vitriol, par exemple utilisé par la Comtesse de Tilly, en 1889. Délaissée par son mari qui s'affiche publiquement avec sa maîtresse, elle apprend qu'elle a la tuberculose et est condamnée à court terme. Ne supportant pas l'idée que ses enfants puissent être élevés par sa rivale, elle lance du vitriol au visage de celle-ci et la défigure. Arme idéale pour une vengeance cruelle, a fortiori sur celle pour qui on a été abandonnée, elle est restée longtemps inscrite dans l'imaginaire populaire. Albert Robida[116] fit même ironiquement du vitriol le symbole de l'émancipation féminine[117].

Dans les trois cas, les accusées ont été acquittées. Car l'image de la meurtrière passionnelle est, contrairement à l'opinion de Lombroso, une figure positive. Cette criminelle est en effet une femme vertueuse, elle est l'épouse légitime ou bien, si elle n'est pas mariée, elle a cru aux engagements pris par son séducteur. Trompée, abandonnée, humiliée, cette trahison a provoqué son geste.

---

[115] V. ZAGURY (D.), Les crimes passionnels, *Perspectives psy*, volume 36, n°1, janvier-février 1997.

[116] Journaliste et romancier français de la seconde moitié du XIXe siècle.

[117] BIHL (L.), préc., p. 160.

Elle est la vraie victime, aux yeux de l'opinion publique, de ce drame amoureux. On retrouve aussi souvent le statut de la mère : pour protéger ses enfants, pour venger ses enfants, une femme est capable de tout, et nul ne doit la blâmer pour cela.

Section 2. Images de la femme criminelle

A partir des figures évoquées, l'hypothèse suivante a été retenue : la criminelle est d'abord jugée médiatiquement, par rapport à ces mêmes rôles sociaux qu'elle est censée incarner. Ces actes sont toujours aujourd'hui analysés par le prisme du genre : certains sont excusables parce que c'est une femme, d'autres impardonnables parce que c'est une femme. « C'est l'envers de l'idéalisation. A partir du moment où la femme est idéalisée, où la mère est idéalisée, quand elle commet un acte abject, c'est encore plus intolérable »[118]. Il s'agissait, dans notre étude, de ne garder que les cas pour lesquels la présentation des faits était orientée clairement dans un sens. Les expressions relevées l'ont été bien sûr dans le texte de l'article, et non dans les propos rapportés de l'une ou l'autre des parties au procès. Les articles neutres ont été écartés, de même que les simples brèves et les affaires où différentes images coexistaient. 169 histoires ont finalement été retenues et étudiées sous cet angle, équitablement réparties entre les deux ensembles.

§ 1. Illustrations

La catégorie « victime » désigne des histoires où l'accusée inspire de la compassion. Tous les articles sélectionnés ont en commun de présenter l'affaire d'une manière qui déresponsabilise la femme concernée.

Un des éléments fréquemment retrouvé est la description physique de l'accusée bouleversée. Elle a les « yeux cernés » ou « rougis », un « visage chiffonné » de « suppliciée » et les « traits tourmentés ». La « souffrance visible à l'œil nu », exprimant « une émouvante détresse », et le « visage défiguré par un sincère remords », c'est « une pauvre femme hantée ». Durant le procès, son attitude est décente : « digne, le visage grave », elle « parle du fond du cœur », elle « met son âme à nu », faisant le « récit douloureux »

---

[118] Extrait de l'entretien mené avec le Dr Zagury.

de sa « descente aux enfers ». Du « chagrin dans la voix », ses « sanglots étouffés » attirent naturellement la sympathie du public. Au point parfois d'être indigné par les propos du ministère public : la « harcelant de questions », « revenant impitoyablement à la charge », « comme un rouleau compresseur », celui-ci finit par rendre les audiences « plus que pénibles pour l'accusée »...

Par ailleurs, elle est quelqu'un d'estimable. « Généreuse », « toujours prête à aider les autres », « elle n'est pas dangereuse ». Elle est une « femme fidèle », une « épouse dévouée », une « fille dévouée » ou encore une « mère courage » : « elle pourrait être la mère ou la grand-mère de tout un chacun ». On ne peut moralement la condamner. Elle est « impossible à juger », « tout le monde aurait pu faire la même chose », ou bien elle n'est « pas responsable », « nécessairement malade » et ce quoiqu'en disent les experts. Elle a « fait le seul choix possible ». Elle bénéficie de « larges circonstances atténuantes » et est « déjà assez punie ». En réalité, « la vraie victime c'est elle ». Au minimum, on peut la comprendre. Cela peut être une « incroyable histoire de solitude humaine », « un drame digne de Zola » car elle était « au bout du rouleau ». Après une « existence tragique », « malmenée par la vie », elle a commis un « acte de désespoir ».

L'affaire peut être passionnelle : « son crime est d'avoir aimé, beaucoup, trop sans doute » mais « les choses du cœur ne sont pas mathématiques ». Chacun comprend facilement « l'amoureuse » et que « la violence des sentiments puisse tout détruire ». Dans d'autres cas « le vrai coupable, c'est l'alcool », ainsi « l'amour charrié par des torrents d'alcool peut se transformer en haine ». Parfois « c'est encore un drame de la misère », dans lequel le « contexte social dramatique » constitue une « circonstance atténuante indiscutable ».

La majorité de ces articles en appelle logiquement à un « verdict du cœur », à « la plus extrême indulgence » voire même à « l'absolution » de ce crime. Annick Houel, Patricia Mercader et Helga Sobota trouvent dans leur étude les mêmes partis pris[119] : la

---

119   HOUEL (A.), MERCADER (P.), SOBOTA (H.), Femmes criminelles, femmes ordinaires ?, rev. *Cycnos*, volume 23 n°2, Figures de femmes assassines - Représentations et idéologies, novembre 2006.

femme peut être, dans les articles qu'elles ont étudiés, « victime et meurtrière » ou « déguisée en meurtrière », et mériter l'indulgence pour un « coup de feu sur un avenir trahi ». On plaint les amoureuses, prisonnières d'une passion impossible à contrôler pour elles, et on peut se montrer compréhensif « quand la misère tue ».

Comme le terme « diabolique »[120] l'indique, la deuxième catégorie regroupe les affaires où la femme est particulièrement stigmatisée.

Durant le procès, l'attitude de la « diabolique » déplaît. Le « visage froid et sans émotion », « glaciale », « insensible », elle est « indifférente face aux victimes ». Elle a les « yeux fuyants », des « excès d'actrice », sortant des « larmes à contretemps » et se réfugiant derrière une « amnésie de circonstance ». Elle n'a « jamais montré la moindre compassion pour sa victime », « totalement dépourvue d'affect ». Lorsqu'elle se tient immobile, son « dangereux silence » et sa manière « d'épier sournoisement le témoin » expliquent qu'elle apparaisse comme « effrayante ».

La « diabolique » mène sa vie sans respecter les rôles qui lui sont dévolus. « Bonne à rien », elle peut « passer ses journées à boire, sortir ou roupiller », « sa maison est mal tenue », « elle ne sait même pas cuisiner » et elle est « dépensière ». En outre, sa « vie sexuelle débridée », son « attitude libertine » font d'elle une « obsédée », « sans pudeur » et « volage ». « Peu fidèle en amour et peu sérieuse en gestion », elle cache « une âme noire » et on doute parfois qu'elle soit « vraiment humaine ». Elle possède tous les défauts classiques de la criminelle. « Envieuse, jalouse », « cupide », « tyrannique », « mythomane », « hystérique » et « menteuse », la « diablesse » a une « double personnalité », « moitié ange, moitié démon ». « Manipulatrice », elle élabore des « mauvais scénarios digne de séries B » ou, plus douée, des « plans machiavéliques ».

Lorsqu'elle agit en couple, elle et son compagnon[121] sont alors des amants « maudits », « monstrueux », « prédateurs », « infer-

---

[120] Ce surnom féminin est très populaire, on trouve ainsi « la diabolique d' » un nombre considérable de villes...

[121] Naturellement même si est employé par commodité le terme de compagnon, les compagnes sont comptabilisées de la même manière.

naux » et « diaboliques » bien sûr. Même dans ces cas-là, « il y a deux accusés mais un seul cerveau retors », naturellement celui de la femme. Elle est toujours l'instigatrice, « la muse sanglante ». Les journalistes lui attribuent souvent un surnom choisi dans le domaine animalier. Elle est ainsi tour à tour une « veuve noire », une « mante religieuse », une « mygale », une « vipère », une « araignée » ou encore une « pieuvre ».

Mais la palme de l'illustration de ce qu'est une femme « diabolique » revient à Maître Paul Lombard. A l'occasion d'un procès récent, il a en effet déclaré : « (elle) a trahi à plusieurs reprises sa condition féminine [...] Toutes les femmes de France auraient vocation à se porter partie civile... » [122]. On ne saurait mieux exprimer la discrimination exercée à l'encontre des femmes criminelles. Aucun homme de France n'a en effet jamais été invité, à notre connaissance, à se porter partie civile contre un criminel, au nom de sa « condition masculine » bafouée...

§ 2. Caractéristiques générales

On peut ainsi déjà relever quelques éléments distinguant la « victime » et « la diabolique ». La première respecte les valeurs familiales, et sait s'occuper des siens. Elle exprime des remords par rapport à son acte, lequel est socialement acceptable, ou du moins intelligible. Dans le cas contraire si l'accusée est une femme « aux normes », il provoque plus l'incompréhension que la colère et on se convainc de la folie de l'intéressée. La seconde, elle, ne regrette rien. Elle n'a jamais voulu ou jamais réussi à assumer les rôles de gardienne du foyer. Sa sexualité apparaît fréquemment comme élément à charge contre elle. Le stéréotype de la femme honnête frigide ou au moins sexuellement passive semble bien perdurer.

Les meurtrières d'enfant se retrouvent essentiellement classées en « victime » contrairement à ce que l'on entend souvent. Sur les vingt-six infractions de cette nature, vingt-deux d'entre elles relèvent de cette catégorie. Le néonaticide notamment provoque un choc, mais presque jamais une condamnation morale. Dans ces affaires, la presse semble sidérée, dans l'incompréhension du phé-

---

[122] Interview donnée dans *Le Figaro*, 19 avril 2008.

nomène bien que fascinée, et déresponsabilise la femme en cherchant des explications médicales ou sociologiques à son acte. Il faut souligner aussi la sur-représentation des meurtres commis sur des enfants handicapés. De manière surprenante, on y trouve la plupart des violences physiques (26 affaires, toutes victimes confondues, contre 7 chez les « diaboliques »). Dans trois cas sur cinq, la maltraitance commise sur un nouveau-né ou très jeune enfant par sa mère paraît socialement pardonnable, la limite étant évidemment que cela ne relève pas de la cruauté. On peut enfin noter l'absence totale d'auteurs de viols et tortures de cette catégorie. Ces infractions symbolisent en effet les tabous absolus de la femme et a fortiori de la mère : le sexe et la violence extrême.

De l'autre côté, le résultat est encore plus net : la « diabolique », c'est la meurtrière, 71,8% des affaires, et plus précisément celle de son compagnon. En effet, ce type de crime représente à lui seul deux histoires de « diaboliques » sur cinq. Cela était déjà constaté par Pierre Cannat en 1953, lorsqu'il écrivait que les crimes conjugaux des femmes étaient doublement condamnés, pour meurtres d'une part et pour « atteinte à la dignité de l'homme et de l'époux »[123] de l'autre.

§ 3. Éléments particuliers

En ce qui concerne les « victimes », l'un des éléments les plus remarquables est qu'elles ont presque toutes agi seules (94,8% des histoires). Les violences subies, généralement infligées par le compagnon, victime du crime, sont un élément relevé une fois sur quatre. La plupart des condamnées dont l'infraction a été disqualifiée[124] sont, très logiquement, classées ici, soit quinze affaires. Enfin dans un cas sur sept, la folie de l'acte, et donc

---

[123] CANNAT (P.) Les meurtrières de leurs maris, Revue pénitentiaire et de droit pénal, 1953, n°1, pp. 65-81, in BUDIN (D.), « Défense sociale nouvelle » et criminalité féminine en France 1945-1975 , in BARD (C.), CHAUVAUD (F.), PERROT (M.), PETIT (G.) (dir.), préc., p. 268.

[124] C'est-à-dire que la condamnation a été prononcée pour une infraction différente, moins grave que celle pour laquelle la personne était poursuivie.

l'irresponsabilité de l'accusée, que l'article insinue ou affirme[125], constituerait le mobile[126].

Les « diaboliques » se reconnaissent par le caractère prémédité de leur acte, retenu contre elles dans la moitié des affaires. Elles agissent en couple une fois sur deux, et sont les instigatrices de deux crimes sur cinq. Le mobile crapuleux est fréquent, apparaissant à vingt-six reprises. Une autre donnée récurrente est la vie marginale menée par l'accusée avant son crime : elle n'était pas intégrée, et souvent personne ne vient témoigner en sa faveur. Une « vie sexuelle dissolue » _ adultère, légèreté, pratiques particulières_ joue un rôle déterminant, cela est l'un des éléments les plus caractéristiques de l'image de la « diabolique ». Il a été relevé dans quarante affaires, toutes infractions confondues. Il suffit à lui seul pour faire basculer une femme du mauvais côté, quelles que soient ses circonstances atténuantes : « L'adultère prenant encore une fois le pas sur toute autre considération »[127].

La dépendance, qu'elle soit à l'alcool ou à une quelconque drogue, ne peut être rattachée à aucune des catégories en particulier, aussi fréquente dans les deux. En ce qui concerne l'âge, il apparaît également qu'il ne s'agit pas là d'un critère déterminant dans la construction d'une image médiatique. On retrouve, dans les deux catégories, des condamnées de toutes les tranches d'âge, dans des proportions proches. L'âge moyen est toutefois inférieur chez les « diaboliques », 36 ans contre 39 pour les « victimes ». Cette absence de lien est d'autant plus surprenante que, au contraire, l'étude croisée de l'âge de l'accusée et de la peine qui lui est infligée révèle plusieurs concordances.

Un tiers des peines inférieures à six années d'emprisonnement ont été prononcées à l'encontre de personnes jeunes, âgées de

---

[125] Jamais juridiquement reconnue, l'échantillon ne comprend que des affaires de femmes considérées pénalement responsables puisque condamnées.

[126] V. concept de la « banalité du mal » développé par ARENDT (H.). L'explication du geste par la perte de la raison, quelle qu'en soit la forme, est humainement utile, elle apporte une réponse. Pourtant il n'est pas nécessaire d'être malade pour commettre des crimes, et même des atrocités.

[127] HOUEL (A.), MERCADER (P.), SOBOTA (H.), Femmes criminelles, femmes ordinaires ?, préc.

moins de 26 ans. La même proportion de ces femmes a été condamnée avec tout ou partie de la sentence assortie de sursis. Cela est également le cas des plus âgées, ayant au moment de l'infraction au moins 66 ans. A l'inverse, les peines supérieures à vingt années de réclusion se concentrent très majoritairement sur deux créneaux. 80% d'entre elles ont en effet été infligées à des femmes ayant entre 26 et 45 ans, alors qu'elles ne représentent que 58% de l'ensemble. La répression accrue de cette classe d'âge se confirme lorsque l'on étudie la proportion des condamnations à de la réclusion criminelle[128] dans chaque groupe. Elles représentent un sixième des peines prononcées à l'encontre des femmes de « 66 ans et plus », 30% de celles des « moins de 26 ans » mais dépassent la moitié dans la catégorie étendue « 26-45 ans ». La peine moyenne prononcée pour chaque catégorie confirme cette répartition[129]. Sur l'échantillon complet, elle est de 11,3 années. Trois créneaux sont nettement en-dessous de ce chiffre. La durée des condamnations des « 66 ans et plus » est dans l'ensemble de 8,8 années, les « moins de 26 ans » de 9,5 années et les « 56- 65 ans » de 9,9 années d'emprisonnement. Les « 46-55 ans » sont exactement dans la moyenne. Seules deux catégories la dépassent : les « 36- 45 ans » sont condamnées à une peine de 11,9 années et les « 26 -35 ans » de 12,9 années de réclusion. C'est donc la femme « adulte », la mère, à qui serait témoigné le moins d'indulgence.

Si l'âge n'est pas un critère de bonne ou mauvaise image médiatique, la relation a par contre été faite entre celle-ci et le quantum de la peine prononcée. Cela n'est pas surprenant puisque entre l'image médiatique et le jury d'Assises on trouve en commun le caractère populaire, l'ancrage dans des représentations sociales communes, tout ce qui fait l'« opinion publique »[130]. Ainsi, les deux tiers des « victimes » ont été condamnées à cinq années de prison tout au plus, et aucune à plus de quinze années de réclu-

---

[128] Strictement supérieures à dix années.
[129] Dans ce calcul, la réclusion criminelle à perpétuité a été par défaut comptabilisée comme une peine de 30 années : les chiffres sont donc a minima.
[130] MERCADER (P.), HOUEL (A.), SOBOTA (H.), « L'asymétrie des comportements amoureux : violences et passions dans le crime dit passionnel », préc.

sion. En revanche 58,8% des peines des « diaboliques » dépassent ce seuil et une sur sept est de trente années ou à perpétuité.

Il nous semble que l'hypothèse de départ se confirme. Il y aurait des comportements criminels acceptables pour une femme et d'autres impardonnables, la tolérance dépendant de son respect des normes féminines. La discrimination est fréquente[131], tantôt positive la société offre aux criminelles une indulgence excessive, tantôt négative elle les punit doublement. « Lui c'était un salaud mais c'est normal. C'est un homme et on sait bien qu'il y a des hommes comme ça. Mais elle ! L'abjection totale ! »[132]. On accepte assez facilement l'idée que quelques criminels hommes puissent commettre des transgressions graves, mais qu'une femme le fasse semble faire vaciller la société entière. C'est là pousser un peu loin l'idéalisation de la femme et de la mère. « Pourquoi, diable, la délinquance des femmes serait-elle plus moche ou plus « condamnable » que celles des hommes ? Pourquoi, à délinquance égale, faut-il faire référence à davantage de morbidité et de déviance quand l'auteur appartient au sexe féminin ? »[133].

Étudier la réaction provoquée par ces femmes permet de mettre en lumière les préjugés qui demeurent liés au genre. Aujourd'hui, il est devenu politiquement incorrect de vouloir maintenir les femmes dans les rôles sociaux traditionnels. Ces contraintes n'existent plus lorsque l'on traite des criminelles, on peut se permettre de les blâmer à haute voix. On envisage sa valeur à l'aune de l'image féminine traditionnelle, en tant que fille, en tant qu'épouse et en tant que mère, avant même de juger son acte. Elle doit toujours être « tendre, affectueuse, émotive, mais aussi puérile, incapable de gérer sa propre vie »[134]. Si elle ne correspond pas à ce portrait, non seulement elle n'attire pas la moindre indulgence pour ce qu'elle a fait mais elle doit purger une seconde peine, pour ce qu'elle est.

---

[131] Mais pas systématique, puisque, dans plus de 60% des affaires médiatisées étudiées, aucune image excessive n'a été retenue.
[132] Entretien avec le Dr Zagury.
[133] KORN (M.), préc. p. 203.
[134] HEIDENSOHN in PARENT (C.), préc. p. 109.

Fantasmes et figures féminines du crime

Le genre demeure donc un élément discriminatoire puissant dans la sphère pénale. Trente ans après, l'idée que « toute femme qui commet un délit est doublement coupable, d'un délit réprimé par la loi et d'un délit contre l'ordre moral »[135] reste d'actualité. Elle a commis un crime pourtant une femme ne frappe pas, ne viole pas, ne tue pas. Si une femme peut être criminelle, alors aucune des autres certitudes que l'on avait n'est absolue. Aujourd'hui une femme a le droit de travailler, voter, divorcer, avorter, mais non elle ne peut toujours pas transgresser, c'est inacceptable. Cela confirme que, derrière la réalité sociale, elle incarne encore un idéal dans l'imaginaire collectif, la femme ou plutôt la mère, car c'est elle qui cristallise la plupart des rejets, des dénis.

Cette permanence des « valeurs féminines » ne s'exprime pas uniquement à travers la plume des journalistes ou la réaction des quidams. « Tout se passe, pour ceux qui observent le fonctionnement des juridictions répressives, comme si le fait d'être une femme fonctionnait tantôt comme un facteur aggravant, suscitant alors un surcroît de sévérité, tantôt comme une circonstance atténuante »[136]. Ceci est également notre sentiment : les peines infligées aux femmes ne sont pas toujours trop légères, ni toujours trop sévères, elles sont les deux à la fois. Le droit pénal n'a pas, n'a plus de genre, cela est vrai, pourtant il reste appliqué au prisme de celui-ci. « Les décisions d'indulgence, de clémence, ou inversement de sévérité semblent dépendre du statut idéalisé positivement (la bonne épouse, la bonne mère) ou péjorativement (l'empoisonneuse conjugale, ou la mauvaise mère, la mère hier malveillante _aujourd'hui mal traitante, la mère incestueuse), *« la maman et la putain »* en résumé, pour paraphraser Jean Eustache»[137].

---

[135] ELUEL (C.) et LAGUAY (C.), *Prisonnières*, 1977, p. 15.
[136] TSIKOUNAS (M.) (dir.), préc., p. 9.
[137] GENUIT (P.), préc.

Chapitre 2. Portrait des femmes criminelles

Il s'agit ici de dresser un premier profil de la population étudiée en s'appuyant sur les résultats empiriques de notre recherche.

Section 1. Intégration dans la société

Afin d'esquisser ce portrait, il est utile de commencer par présenter les données démographiques particulières à ce groupe, pour déterminer les ressemblances ou les différences avec les femmes en général, à partir de critères classiques de criminologie.

§ 1. Intégration socio-professionnelle

Le degré d'intégration dans la société des condamnées, tel qu'il est apparu dans notre recherche, diffère un peu de celui des femmes délinquantes et criminelles, établi à l'époque par le professeur Cario[138].

Chez celles-ci, Robert Cario constate que l'extranéité est une caractéristique importante de la population[139], entre 15 et 20%. Parmi les seules criminelles en revanche, la quasi-totalité, 94,2%, des femmes sont françaises. Cette proportion se retrouve dans le sous-ensemble extrait des dossiers pénaux, où les étrangères ne représentent toujours que 6,9%. Cela est cohérent avec l'opinion des intervenants en milieu pénitentiaire, pour qui elles sont incarcérées exclusivement en matière délictuelle, principalement pour des infractions à la législation sur les stupéfiants.

Tous degrés d'infractions confondus, une nette décroissance de l'activité délictuelle est constatée et le créneau des « moins de

---

[138] Cela est intéressant vue la non-concordance des objets d'étude, la population présentée ici ne formant qu'une petite partie de la seconde.

[139] CARIO (R.), « Les femmes et le crime aujourd'hui. Approche criminologique. », colloque préc., 8 mars 2008.

25 ans » représente deux cinquièmes des condamnées[140]. Si une baisse du nombre de criminelles avec l'âge est également constatée ici, la courbe ne s'inverse pas au même endroit. La catégorie de référence des femmes auteurs de crimes est celle des « 26-35 ans », qui réunit seule le tiers de l'échantillon. Le créneau suivant est fortement représenté[141] lui aussi, un quart de l'ensemble, les « moins de 26 ans » arrivant en troisième position. Quant à l'âge moyen, il est de 35,1 ans dans notre étude[142].

L'information est significative quant à la place du crime dans leur parcours : ces chiffres montrent que l'infraction se produit majoritairement dans leur vie d'adulte, alors qu'elles ont déjà un passé et ont pu s'intégrer à la société. Un autre élément notable est l'étendue de la période sur laquelle s'étendent les données relevées. Dans l'échantillon l'âge des personnes étudiées est compris entre 18 et 82 ans, soit un écart considérable. Il n'est pas inutile ici de rappeler que l'âge relevé n'est pas celui des femmes au moment du procès ou de l'incarcération, mais celui qu'elles avaient au moment des faits, et même du début de ceux-ci s'ils se sont répétés.

Parmi la population carcérale féminine, le niveau scolaire moyen indiqué est celui du cours moyen première année (CM1) et 17,8% des détenues seraient illettrées[143]. Sur les 122 dossiers de criminelles contenant des informations vérifiées[144], le taux d'analphabétisme ou illettrisme était de 13,9%. Leur niveau scolaire moyen est supérieur, puisque 44,3% d'entre elles possèdent

---

[140] CARIO (R.), ibid.

[141] Cela rejoint les données fournies par Florence Audier, économiste : contrairement aux hommes criminels qui auraient pour la très grande majorité entre 15 et 30 ans, 52% des criminelles auraient entre 30 et 60 ans. Cf. AUDIER (F.), « Qui juge qui ? Femmes justiciables, femmes magistrates en France. Quelques réflexions à partir de données récentes. », colloque préc., 8 mars 2008.

[142] L'âge médian est pour sa part de 33,5 ans.

[143] Chiffres de 1996, cités in CARIO (R.), *Les femmes résistent au crime*, préc., p. 46; même auteur, « Les femmes et le crime aujourd'hui. Approche criminologique. », préc.

[144] Dossiers où l'enquête de personnalité a pu être menée à partir de plusieurs sources, et non des seuls dires de l'accusée.

Portrait des femmes criminelles 63

un niveau V[145], selon la nomenclature utilisée par l'Education nationale. Il faut signaler toutefois que la même proportion se retrouve dans les niveaux inférieurs, autrement dit à peine 13% des détenues avaient un niveau baccalauréat et supérieur au moment des faits[146], et aucune n'atteint le niveau I (qui correspond à un troisième cycle universitaire).

L'intégration professionnelle des femmes est nettement plus problématique. La catégorie « employé », qui désigne un emploi stable de salariée, quoique peu qualifié, concerne presque une femme sur trois. En revanche, les deux catégories suivantes, en termes d'importance numérique, sont les « sans profession » et les « indéterminé », qui représentent chacune 26% de l'ensemble. La première désigne les femmes qui n'ont aucune expérience professionnelle, absolument jamais travaillé de leur vie, pas même de façon discontinue. La catégorie « indéterminé » réunit précisément toutes les formes d'emplois précaires : stages, CES, emplois-jeunes, intérim, etc. Plus d'une femme sur deux n'a donc jamais occupé de façon stable un emploi. Comme les délinquantes, les femmes criminelles sont très mal intégrées professionnellement[147]. Or cela est un élément important, beaucoup plus qu'autrefois, puisque la profession d'une personne participe à son identité sociale personnelle, elle en est même devenue l'un des éléments centraux.

En revanche, l'étude des professions des compagnons, lorsqu'elles ont en un, montre que près des trois quarts d'entre eux occupent un emploi. Ils se répartissent équitablement entre les catégories « artisan, commerçant ou chef d'entreprise », « ouvrier » puis « employé » qui représentent chacune un cinquième de l'ensemble. Contrairement à ce que l'on peut imaginer, le milieu

---

[145] CAP (Certificat d'aptitudes professionnelles), BEP (Brevet d'études professionnelles) ou DNB (Diplôme national du brevet).

[146] L'incarcération étant l'occasion pour certaines de se former, tant sur le plan scolaire que professionnel.

[147] On peut préciser que celles qui travaillent, ou ont travaillé, de façon stable relevaient du secteur tertiaire pour 95% d'entre elles (80% dans la population générale), principalement dans le secteur des aides à la personne.

social de la majorité des criminelles, même si cela est en tant que « femme de », n'est pas spécialement défavorisé.

Quant à leur famille d'origine, elles ont très majoritairement eu un parent qui travaillait, voire les deux, moins de 10% des femmes ont été élevées par des inactifs. On retrouve exactement la même répartition que pour les compagnons, dans l'ordre décroissant suivant : « employé », « ouvrier » puis « artisan, commerçant, chef d'entreprise », qui concernent chacune un quart des affaires. Rares donc sont celles qui ont réellement connu une enfance misérable ou marginale. Un autre élément intéressant à vérifier est l'intégration professionnelle de leur mère en particulier. Les résultats font apparaître une proportion d'inactives supérieure à l'ensemble, puisque à peine plus d'une femme étudiée sur deux a eu durant son enfance l'exemple d'une mère qui travaillait.

§ 2. Intégration familiale

Il s'agit d'un élément essentiel en criminologie : d'une part c'est dans la famille d'origine que se trouvent plusieurs des facteurs d'explication de la délinquance, et en sens inverse la construction d'une famille constitue un élément fort d'intégration.

Contrairement aux conclusions formulées pour l'ensemble des condamnées, celles dont nous avons pu consulter les dossiers sont presque toutes des enfants légitimes et moins de 15% n'ont pas connu leur père. Malgré cela, la majorité d'entre elles ont vécu une enfance instable, avec une famille dissociée. Une condamnée sur sept a perdu un proche avant d'avoir quinze ans, et un peu plus d'un tiers de ces femmes ont grandi dans une famille recomposée. On trouve fréquemment une rupture[148], provisoire ou définitive, de l'enfant avec la famille. Dans un quart des cas, il s'agit d'un placement par les services sociaux, à un âge précoce, ce qui est souvent un traumatisme. Elle a pu autrement être recueillie par un membre de sa famille (grands-parents souvent), cela représente un cas sur dix.

---

[148] Cause possible de l'immaturité et de l'indifférence affective de ces femmes. V. HARRATI (S.), « La criminalité sexuelle des femmes : étude des caractéristiques psychopathologiques des femmes auteures d'agressions sexuelles », in *L'agression sexuelle : coopérer au-delà des frontières*, Cifas 2005.

Une autre caractéristique de leur milieu familial d'origine est la taille de la fratrie dans laquelle elles ont grandi. Le lien entre cet élément et la délinquance est une « évidence criminologique », pour reprendre l'expression de Sébastien Roché. Le nombre d'enfants peut ainsi avoir une influence certaine sur la veille parentale, l'estime de soi des enfants comme sur les revenus réels de la famille[149]. Cet élément peut d'ailleurs tempérer les conclusions formulées précédemment sur le milieu social d'origine. Bien qu'il s'agisse ici de crimes commis à un âge adulte, et non de petite délinquance juvénile, cette information apparaît comme un élément caractéristique du profil des femmes étudiées. 87% des femmes[150] sont issues d'une famille nombreuse, trois enfants[151] (dont la condamnée) ou plus, et presque trois sur dix appartenaient à une famille d'au moins sept enfants. La taille moyenne de la fratrie d'origine est de 5,23 enfants par foyer, soit très largement supérieure à la moyenne nationale, même si on se reporte à plusieurs décennies en arrière. Il n'est donc pas illégitime de supposer que la taille importante de la fratrie d'origine a un lien direct avec les carences affectives dont souffrent majoritairement les condamnées. S'agissant de leur place dans cette fratrie, nous avons recensé 24 aînées et 27 benjamines, cela n'est pas ici un élément significatif.

Après avoir quitté le foyer familial, généralement très jeunes, elles se sont rapidement engagées dans une relation sentimentale. Elles ont d'ailleurs même souvent quitté le domicile parental pour s'installer avec un homme. Au regard de leur âge, leur vie sentimentale a été assez stable, même s'il est fréquent qu'au moment de la commission de leur infraction elles soient avec un compagnon autre que le ou les pères de leurs enfants. Elles sont presque toutes, 78,2% des femmes, installées dans une relation amoureuse, quelle qu'en soit la nature, au moment des faits. Dans la majorité de leurs histoires, la nécessité qu'elles ressentent d'être prises en

---

[149] V. MUCCHIELLI (L.), Familles et délinquances un bilan pluridisciplinaire des recherches francophones et anglophones, CESDIP, *Études et données pénales*, n° 86, 2000.

[150] Sur les 123 dossiers dans lesquels figurait l'information vérifiée.

[151] Définition de l'INSEE.

charge, au moins symboliquement, par quelqu'un revient de manière récurrente.

Elles sont mères pour la très grande majorité, plus de quatre femmes sur cinq ici aussi. Cela est une constante de la criminalité féminine, quels que soient l'époque ou le lieu[152]. Il faut souligner en revanche qu'il n'y a pas une majorité de familles nombreuses. Ceci est une donnée qui ressort, elle aussi, nettement et est très significative. 36,9% de ces femmes ont au moins trois enfants, et une sur 40 seulement est mère de sept enfants ou plus. La moyenne est de 2,1 enfants par femme. A titre de comparaison, les dernières données de l'INSEE indiquent pour 2008 un indice conjoncturel de fécondité[153] de 2,0 enfants par femme. Lorsque l'on compare ces résultats avec ceux de la fratrie d'origine, la différence est considérable. La très grande majorité des personnes étudiées semble ainsi avoir voulu, et réussi, ne pas reproduire le modèle familial dans lequel elles avaient grandi.

Aussi rares qu'elles soient sur l'ensemble de la population féminine, la présentation générale des criminelles fait en réalité apparaître un profil de femme assez ordinaire. Il se rapproche assez du portrait dressé par Coline Cardi de la « criminelle conforme » [154] : « Si elles vivent parfois une certaine forme de précarité, les femmes dont le parcours se rapproche du type criminelle normale ne sont pas des exclues au sens où elles ne peuvent pas être considérées comme désaffiliées et où, finalement, leur parcours social les place dans une situation assez conforme aux normes ».

Section 2. Personnalité et fragilités

Plusieurs facteurs peuvent quand même, au-delà d'une apparente normalité, expliquer un passage à l'acte criminel, éléments mis en exergue lors de l'instruction.

---

[152] V. not. LIMA MALVIDO (M.), préc.

[153] « Cet indicateur donne le nombre d'enfants moyen qu'aurait une femme tout au long de sa vie si les taux de fécondité observés à chaque âge de l'année considérée demeuraient inchangés », définition de l'INSEE.

[154] CARDI (C.), Trajectoires de femmes incarcérées : Prison, ordre social et ordre sexuel, *Les Cahiers de la sécurité*, 1er trimestre 2006, pp. 41-68.

§ 1. Aspects médico-psychologiques

Dans les dossiers pénaux auxquels nous avons eu accès un rapport d'expertise mené par un ou plusieurs psychiatres était conservé. Celui-ci présente, entre autres, les traits de personnalité marquants de la personne rencontrée et certains d'entre eux se retrouvent dans plusieurs affaires.

Le plus marquant est l'immaturité, signalée chez plus d'une détenue sur trois. Cette donnée concorde avec leur incapacité, fréquente, à se prendre en charge et leur tendance à chercher un compagnon tout de suite après une rupture[155]. Elle explique que, même lorsqu'elles assument leurs actes, elles fuient souvent toute responsabilité. Cela se retrouve d'ailleurs dans leur comportement lors de l'incarcération. L'une des particularités de la détention femmes est en effet leurs constantes sollicitations du personnel pénitentiaire, auprès duquel elles cherchent attention et soutien[156]. Parmi les autres traits marquants, on trouve ensuite le narcissisme et l'égocentrisme, qui concernent un peu plus d'une femme sur six. La même proportion est décrite comme manipulatrices, une partie de ces cas recoupe par ailleurs un diagnostic de mythomanie. Certaines présentent des traits plus inquiétants : une froideur ou indifférence affective est relevée dans 15% des affaires, et une femme sur dix est présentée par les experts comme perverse.

En ce qui concerne les capacités intellectuelles, un peu plus de la moitié des femmes est dans la norme, plutôt dans la moyenne basse mais sans que cela soit notable. 30% de l'ensemble souffrent en revanche d'une vraie déficience intellectuelle, de légère au stade de débilité grave. A l'inverse, une femme sur cinq possède des facultés intellectuelles nettement supérieures à la moyenne.

Les personnes étudiées présentent sans aucun doute des fragilités psychologiques importantes. Fréquemment les signaux d'alerte se retrouvent dans leur parcours, bien avant leur crime. Des antécédents de dépression sont ainsi présents dans un quart

---

[155] Ou juste avant leur sortie de prison par exemple, quitte à peu connaître la personne (correspondant, ami d'un ami, etc.).

[156] Selon le mot d'une surveillante, la plupart des détenues, au moindre incident, viennent « se plaindre à la maîtresse ».

des dossiers. Il s'agit là d'un terrain propice au passage à l'acte féminin. Une femme sur six avait effectué au moins une tentative de suicide avant de retourner sa violence contre une autre personne. On trouve aussi presque 10% des femmes ayant été, avant leur infraction, hospitalisées en milieu psychiatrique, que cela soit à leur demande, à celle d'un tiers, ou d'office. Ces chiffres sont inférieurs, divisés par deux, lorsque l'on étudie l'ensemble mais il faut prendre en compte le fait que de telles informations ne sont pas systématiquement mentionnées dans les articles de presse. Le risque suicidaire existe avant leur acte mais également après. En milieu pénitentiaire, les femmes doivent être nettement plus surveillées que les hommes, avec plusieurs rondes par nuit, des filets anti-suicide dans les escaliers et autres mesures de précaution.

Dépendances[157] et violence sont souvent associées[158]. Dans cette étude, le lien apparaît, suffisamment fréquent pour le mentionner. La toxicomanie est présente dans le passé d'une femme sur dix. Il s'agit d'addiction aux médicaments, à des substituts médicamenteux (le plus fréquent est le subutex) et au cannabis, beaucoup plus rarement à d'autres drogues. Ces tendances addictives se remarquent aussi après leur incarcération, avec deux tiers des détenues sous traitement, essentiellement des psychotropes. La problématique alcoolique doit être particulièrement soulignée. Elle apparaît chez une femme sur quatre dans les dossiers pénaux, et encore pour une femme sur six sur la totalité des affaires[159]. Dans un grand nombre de cas, cette dépendance chronique à l'alcool avait d'ailleurs atteint un degré critique et justifié la mise en invalidité. L'addiction alcoolique se retrouve aussi de manière non négligeable dans l'entourage de la criminelle. Elle est présente dans la famille d'origine plus d'une fois sur huit. L'alcoolisme du compagnon apparaît dans 21% des affaires provenant des dossiers pénaux et est encore signalé dans 12% de l'échantillon complet.

---

[157] Elles peuvent être cumulées par la même femme.

[158] LAVERGNE (C.), LABROSSE (J.), préc.

[159] Ce chiffre est un minimum, l'information, si elle n'était pas pertinente au regard des faits, n'aura pas nécessairement été rapportée dans les articles.

§ 2. Rapport antérieur à la violence

L'acte criminel est souvent la répétition d'un traumatisme ancien qui remonte à l'enfance ou à l'adolescence, ou bien une réponse directe à la violence[160] à l'âge adulte. En principe, la socialisation différentielle des femmes les amène plutôt à retourner leurs pulsions agressives contre elles-mêmes. Automutilations, anorexie, suicide, les modes d'action sont divers. Les violences subies perturbent fortement le développement psychologique de la personne, et peuvent également être à l'origine de comportements déviants agressifs. Les travaux de Marie Choquet et Sylvie Ledoux, notamment, ont démontré la corrélation existant entre violences subies et violences agies[161].

Une détenue sur cinq a été maltraitée physiquement durant son enfance sur une longue période, principalement par un de ses ascendants. On retrouve presque la même proportion de femmes ayant subi des violences sexuelles lorsqu'elle était mineure. Fréquemment les parents sont là encore les agresseurs, parfois le beau-père. Cela peut toutefois être un autre membre de la famille voire un inconnu, et l'agression est parfois unique. Il faut souligner que dans la quasi-totalité des cas, les agresseurs physiques ou sexuels n'ont été ni poursuivis ni condamnés. La découverte de l'infraction, lorsqu'elle a eu lieu, aura plutôt entraîné un placement de la femme (alors enfant) dans un foyer. En plus de l'acte subi en lui-même, s'il a pu se produire, a fortiori rester impuni, cela révèle de sérieux dysfonctionnements dans la famille d'origine, en particulier la passivité fréquente de la mère de la condamnée. Tous ces éléments ont logiquement pu être à l'origine de profondes carences dans le développement psychologique de ces femmes.

Dans l'échantillon, se trouve la même proportion de femmes maltraitées ou ayant été maltraitées physiquement à l'âge adulte. En ce cas, il s'agit presque exclusivement de violences conjugales. Les violences sexuelles subies au-delà de l'adolescence sont plus rares et ne concernent que 6% des personnes.

---

[160] CARIO (R.), « Les femmes et le crime aujourd'hui. Approche criminologique. », préc.

[161] CHOQUET (M.), LEDOUX (S.), *Adolescents, enquête nationale*, 1994.

Un autre élément inversement à considérer est l'existence de condamnations pénales antérieures de l'accusée, c'est-à-dire l'inscription dans un parcours de vie qui la prédisposait davantage au passage à l'acte criminel. Classiquement, les femmes sont en principe considérées comme peu récidivistes[162]. Pour la psychologue britannique Ann Campbell, la violence des femmes serait en effet différente, en raison toujours de leur socialisation. Chez les hommes il s'agirait d'un moyen d'exercer leur pouvoir sur une autre personne, mais chez elles d'une perte momentanée de contrôle causée par la tension[163].

Les chiffres font pourtant apparaître dans l'étude des dossiers pénaux près d'une femme sur cinq criminalisée antérieurement. Les condamnations délictuelles se répartissent en infractions de vols, infractions à la législation sur les stupéfiants, conduites en état alcoolique et violences. Outre les actes criminalisés, il faut ajouter qu'il existe une proportion importante de femmes ayant précédemment commis des actes de violence, pour lesquels aucune condamnation n'a été prononcée, faute de procédure. En règle générale, les poursuites n'ont pas été engagées parce que les victimes n'ont pas porté plainte. Cela représente, au minimum, un quart des femmes incarcérées en centre de détention et 10% de l'échantillon complet. Même si cela reste anecdotique, on peut aussi signaler que trois femmes avaient déjà été condamnées pour un crime, dans les dossiers pénaux, et six sur l'ensemble des affaires. L'infraction pour laquelle elles avaient été précédemment condamnées était exactement la même que celle retenue par l'arrêt de la Cour d'assises, autant dans la qualification pénale que dans les faits. Ces résultats remettent donc partiellement en cause l'idée selon laquelle chez les femmes le crime serait toujours un « accident de parcours ».

---

[162] LANCTOT (N.), préc.

[163] In LAVERGNE (C.), LABROSSE (J.), préc.

Section 3. Éléments généraux du passage à l'acte

Après avoir étudié les représentations des criminelles, puis la réalité de leur profil, il reste à présenter leur relation au crime. Quels sont les éléments généraux de leur passage à l'acte, quel est son contexte et quelle incidence a-t-il sur les femmes presque ordinaires qu'elles sont ?

§ 1. Proximité affective

Une constante du passage à l'acte féminin serait la proximité affective entretenue entre elle et les autres acteurs. La qualité de la victime comme celle de l'éventuel coauteur constitueraient ainsi les éléments indispensables de l'infraction.

Les femmes criminelles s'associent très majoritairement avec des hommes. Plus de sept coauteurs[164] sur dix sont de sexe masculin, et leur nombre est supérieur à celui des coauteurs femmes pour toutes les catégories d'infractions. Il s'agit surtout de proches, dans 30% des cas le compagnon. Lorsqu'elle n'agit pas en couple, ou bien en plus de son compagnon, c'est avec un membre de sa famille que la condamnée se lie, un quart des coauteurs, puis à l'un ou l'une de ses amies, un huitième de l'ensemble. Dans plus de deux tiers des affaires, elle entretient donc bien un lien affectif avec son ou ses comparses, il ne s'agit pas dans les crimes féminins d'associations de malfaiteurs. En règle générale, ce ou ces coauteurs appartiennent à la même classe d'âge que la femme, il n'y a qu'après 46 ans qu'elle opère davantage avec des personnes plus jeunes qu'elle.

Nous souhaitons évoquer plus spécifiquement la question des infractions commises en couple. La relation sentimentale apparaît ici comme moteur d'un grand nombre d'actes. La coaction de la femme révèle souvent un besoin de se montrer à la hauteur de son compagnon et elle est prête à le faire passer avant tout le reste et tous les autres. Cela répond à de profondes failles narcissiques et une grande dépendance affective. Ses motivations ne remettent

---

[164] Le terme doit être entendu au sens large, soit auteur principal (si la femme est complice), coauteur ou complice.

pourtant pas en cause sa participation à l'infraction, la femme est généralement active et même parfois instigatrice. En réalité, c'est à ses propres yeux qu'elle a besoin d'exister. Ignorée ou maltraitée dans le passé, elle peut alors exercer un pouvoir sur autre chose, ou sur autrui, et ne plus se sentir une victime. C'est précisément parce qu'elle est en couple qu'elle se sent le courage de renverser l'image qu'elle a d'elle-même, elle se sent plus forte. La relation joue en fait le rôle d'élément déclencheur de l'infraction.

On trouve parfois un fonctionnement spécifique, où l'infraction finit par être commise par un couple, et non plus par un homme et une femme (ou deux femmes). Cela répond à une logique perverse, laquelle se concrétise de préférence par des infractions violentes et répétées, comme les actes de torture et les crimes sexuels. Il n'apparaît pas que dans les cas les plus graves, il est même courant à partir du moment où l'infraction violente sort du milieu familial. C'est le modèle du « couple diabolique », comme le présentent les journaux lorsque l'affaire est médiatisée. Il peut parfois y avoir un meneur et un suiveur, mais les deux sont actifs, l'infraction est commise à deux, ils la partagent. « C'est une vraie logique de couple, vous avez raison, c'est un vrai couple. Ils n'ont pas partagé la passion de Mozart ou la passion du voyage ou la passion du tennis ou la passion des arts ou la passion amoureuse. Ils n'ont pas partagé ça, ils en ont partagé une autre. Un vrai couple, à ceci près que le fantasme qui les unit ce n'est pas ce qu'on voit habituellement...[165] ».

Le schéma récurrent que nous avons relevé est le suivant. La femme correspond à notre profil : déjà insérée quand elle rencontre son compagnon, elle est mère, appartient à la classe moyenne, a le plus souvent un niveau d'instruction secondaire et aucun casier judiciaire. Son compagnon en revanche a déjà été condamné, simplement en matière correctionnelle mais pour des faits de violences. C'est leur association qui va les amener tous les deux au crime, alors que l'on peut penser que ni l'un ni l'autre n'auraient été jusque là seul. La relation de couple joue un rôle potentialisateur de la dangerosité de chacun, l'association des deux

---

[165] Entretien avec le Dr Zagury, au sujet de l'un de ces couples.

individus permet le passage à l'acte, un acte de gravité bien plus élevée que celui que chacun aurait pu commettre seul.

Concernant le sexe des victimes, il est souvent dit que les femmes passent à l'acte principalement sur des hommes. Cette donnée-là ne se vérifie pas pour les crimes, puisque les deux ensembles sont proches, 54,1% d'hommes et 45,9% de femmes victimes. Lorsqu'il s'agit d'un enfant, il s'agit même trois fois sur cinq d'une fille. L'âge moyen du mineur au moment des faits ou de leur début, est de 4,3 ans, toutes infractions confondues. Quant au lien entre auteur et victime, caractéristique de la criminalité féminine confirmée par Robert Cario dès 1985[166], il apparaît également dans nos résultats. En effet l'enfant et le compagnon constituent à eux seuls les trois quarts des victimes. Le compagnon est à égalité avec les enfants en matière d'homicides, mais ces derniers forment les deux tiers des victimes de violences. La proximité affective est confirmée, de manière encore plus accentuée que pour le ou les coauteurs.

Puisque la femme s'attaque effectivement en priorité aux membres de son foyer, il était logique de vérifier si les poncifs circulant sur son mode opératoire avaient une part de vérité. Comme cela a déjà été dit, l'image de l'empoisonneuse est un symbole, et non une constatation criminologique. Effectivement, on ne trouve, en observant pourtant in concreto[167], même pas 10% de cas où le poison a été utilisé pour tuer. Quelle que soit la victime, il n'apparaît qu'en cinquième position de l'ensemble des modes opératoires[168].

Arrivant très largement en tête pour les homicides et les violences sur adulte, c'est l'arme blanche qui est le mode opératoire préféré des criminelles. Facile à utiliser et à se procurer, elle est en première position que l'acte soit prémédité ou non. L'arme à feu ensuite est cause de la mort de la victime[169], avant les trauma-

---

[166] V. CARIO (R.), *La criminalité des femmes : approche différentielle*, préc.

[167] Dans la matérialité des faits et non selon la simple qualification juridique.

[168] Huit modes opératoires différents ont été identifiés : arme blanche, arme à feu, traumatismes (à mains nues ou avec un objet), noyade, suffocation, strangulation, poison et immolation.

[169] Ou de la tentative d'homicide.

tismes, la strangulation et enfin le poison. Lorsqu'il s'agit d'une mère criminelle le mode opératoire est différent, d'une part parce qu'il est plus facile de tuer un enfant qu'un adulte, d'autre part parce que, en général, elles veulent que cela soit rapide et éviter que leur victime ne souffre. Ceci explique que la suffocation arrive en premier, fréquemment après que l'enfant ait été drogué. On trouve ensuite la noyade, les traumatismes, la strangulation puis le poison.

L'étude des modes opératoires féminins, si elle montre encore une fois l'inexactitude de certaines images, donne des résultats sans surprise. Les armes utilisées par les femmes sont en effet les plus accessibles pour elles, étant donné leur force, celle de leur victime, et la facilité à se les procurer.

§ 2. Positionnement dans l'infraction

Il s'agit ici tout d'abord de confronter à la réalité deux mythes récurrents attachés à la criminalité féminine, déjà évoqués. Selon un point de vue paternaliste, les femmes agiraient sous influence, généralement celle du compagnon, et ne seraient ainsi que passives dans l'infraction ; dans la conception inverse, notamment exposée par Pollack, elles seraient à l'origine des crimes et amèneraient sournoisement les hommes à les commettre pour elles.

L'image persistante selon laquelle les femmes seraient condamnées en tant que complices est totalement démentie par nos résultats. Sur les 554 condamnations étudiées, 459 ont été prononcées à titre d'auteur de l'infraction. Cela représente 82,9% de l'ensemble, une proportion écrasante. Loin de subir la situation, les femmes sont actives et responsables des actes commis, au moins au même titre que le ou les éventuels autres auteurs.

Éventuels en effet car une femme peut non seulement être auteur d'un crime mais également son seul auteur. Les représentations du passage à l'acte féminin précitées avaient comme point commun de postuler qu'il était nécessaire chez les femmes de s'adjoindre un partenaire. Les résultats trouvés remettent de nouveau en cause une telle conception du crime féminin, puisque près de trois fois sur cinq la femme passe à l'acte seule. Le reliquat se partage en parts égales entre les infractions commises avec un ou une partenaire, et celles commises avec au moins deux autres personnes. Il est intéressant de rappeler que ces résultats sont très proches de ceux trouvés par le professeur Cario sur l'ensemble des femmes criminalisées : la gravité de l'infraction ne modifierait donc pas ses modalités d'exécution. On peut aussi retenir que plus elles avancent en âge, plus elles agissent seules. Il n'y a que chez les « moins de 26 ans » que la catégorie « un seul auteur » est inférieure numériquement aux autres (« deux auteurs », « trois auteurs et plus »). Au-delà de 36 ans, la proportion de celles qui agissent seules dépasse la moitié des cas.

Nous avons établi que les personnes étudiées étaient peu ou prou des femmes dans la norme, or un crime est probablement l'acte le plus a-normal qu'un individu puisse commettre. Leur attitude après l'avoir commis puis face aux accusations est pour cela un élément utile à étudier. En premier lieu, nous nous sommes attachée à analyser la manière dont la procédure judiciaire avait été initiée. Quatre catégories ont été établies[170] : la plainte de la victime, le signalement, l'enquête policière et la démarche volontaire.

Les résultats font d'abord apparaître l'enquête comme facteur de mise en cause de la femme, un tiers des histoires. On trouve ensuite, chacune comptant pour un quart des affaires, les catégories du signalement et de la démarche volontaire. La plainte de la victime arrive en dernière position, moins de 15% de l'échantillon. Ces femmes étaient relativement intégrées, un crime ne devrait pas constituer pour elles un événement banal. Pourtant ces chiffres signifient que trois criminelles sur quatre dissimulent leurs actes. Mieux, elles reprennent ensuite sans difficulté le cours ordinaire de leur vie, souvent sans que leur entourage ne s'aperçoive d'aucun changement.

---

[170] La catégorie de l' «aveu» concerne la saisie de la justice pénale par un acte volontaire de la criminelle (qu'elle se livre ou fasse une tentative de suicide par exemple). Celle de la « plainte » correspond aux situations officielles. La colonne « dénonciation » désigne toutes les saisies de la justice par un tiers. Cela peut être aussi bien une lettre anonyme, qu'un voisin qui vient confier ce qu'il sait, un signalement officiel, la mise en cause par un coauteur, etc. Enfin « l'enquête » concerne les dossiers pris en charge par les services de police ou gendarmerie ayant abouti à ces accusations.

En revanche une fois qu'elles sont confrontées aux accusations elles adoptent une attitude radicalement différente. Nous avons choisi comme point de référence chronologique le moment du procès aux Assises. Il est fréquent, et compréhensible, qu'entre le premier interrogatoire et leur condamnation elles n'aient pas toujours tenu le même discours, d'autant que la majorité d'entre elles ne s'étaient pas spontanément dénoncées. Ce moment a donc été choisi en raison du rôle déterminant que peut jouer la position de l'accusée lorsqu'elle est jugée.

Durant leur procès plus de sept femmes sur dix reconnaissent l'intégralité des charges qui ont été retenues contre elles. Cela correspond tout à fait aux constatations qu'avait faites en milieu carcéral Corinne Rostaing[171]. Ceci pourrait d'ailleurs être paradoxalement la raison de la lourdeur de certaines peines. En effet une fois qu'elles ont décidé d'avouer, elles ne minimisent pas les faits et les décrivent, avec un luxe de détails qui joue contre elles. Cela ne signifie pas pour autant que se trouvent dans l'échantillon 70% de personnes remplies de remords. Reconnaître les faits, assumer ses responsabilités et éprouver de la culpabilité sont trois stades différents. Si elles admettent assez facilement avoir commis les actes reprochés, les femmes concernées ont en revanche une tendance indéniable à se trouver des excuses et à se poser en victimes.

« Pour être rare, la criminalité féminine n'en nourrit pas moins un univers foisonnant avec le sous-entendu d'une inquiétude (fascinée) pour la perversité féminine »[172]. C'est ainsi que s'est développée l'ambiguïté de l'image de la femme, en deux caricatures opposées. Tantôt ange, tantôt démon, la criminelle est symbolisée dans des figures diverses du bien et du mal au féminin.

La réalité est bien moins exceptionnelle. Les criminelles sont des femmes très ordinaires. Elles sont intégrées, au moins en apparence, elles ne sont pas des marginales. Socialisées, elles

---

[171] ROSTAING (C.), *La relation carcérale : identités et rapports sociaux dans les prisons de femmes*, Ed. Presses universitaires de France, coll. Le lien social, 1997, p. 151.

[172] PERROT (M.), pionnière de l'histoire des femmes et du genre, in GENUIT (P.), préc.

appartiennent à la classe moyenne et ne présentent aucune caractéristique remarquable par rapport à l'ensemble de la population féminine. Majoritairement en couple avec deux enfants, ayant entre 26 et 45 ans, elles ont déjà une place dans la société et peuvent être la voisine de palier, la collègue de travail, la parente d'élève…

Néanmoins elles présentent derrière cette façade un certain nombre de failles et de carences au niveau personnel. Instables, elles manquent d'estime de soi et sont souvent immatures sur le plan affectif. Il s'agit clairement de personnes dépendantes, à des substances (alcool ou médicaments) mais plus encore aux personnes qui partagent leur vie. Au-delà de leur intégration sociale et de leur respect antérieur des normes, ces femmes n'ont pas pris le contrôle de leur existence. Ces éléments psychologiques ne sont pas pour autant rares dans la population féminine en général et ne peuvent être considérés comme de graves troubles du psychisme. On en revient à cette idée : entre elles et les femmes non-criminelles, « il s'agit d'une différence de degré et non de nature »[173].

Ceci n'est cependant qu'un portrait général, s'appliquant à une majorité de ces femmes, de significatives disparités peuvent exister entre elles. L'étude individuelle des infractions apparaît donc nécessaire pour mieux les comprendre.

---

[173] CARIO (R.), préc.

2ème PARTIE
Les crimes des femmes

Si les infractions criminelles de femmes sont rares, il est couramment admis qu'elles sont en revanche assez graves. Cette contradiction entre actes et profil explique sans doute qu'elles soient systématiquement placées en détention provisoire. « A l'étape de l'instruction, les femmes inculpées pour un crime font ainsi beaucoup plus souvent que les autres l'objet d'une mise en détention provisoire »[174]. Dans notre échantillon, plus de quatre femmes sur cinq ont en effet été incarcérées avant le procès, au moins momentanément.

En ce qui concerne la nature des crimes commis, il faut souligner l'absence totale de dossiers criminels en matière de trafic de stupéfiants sur l'ensemble des affaires recensées, contentieux pourtant fréquent chez les délinquantes. Nous avons choisi de répartir les infractions relevées en deux groupes distincts, d'importance numérique équivalente mais qui relèvent de fonctionnements psychologiques différents, d'une part les homicides et d'autre part les violences.

---

[174] Ibid.

Chapitre 1. Homicides

Sur 491 condamnations pour homicide volontaire[175] en 2006, 60 étaient prononcées à l'encontre de femmes, soit 12,2%, chiffre nettement supérieur à leur part dans l'ensemble. Elles constituent aussi 54,9% des actes que nous avons étudiés. Le sex-ratio des homicides et leur part dans les crimes féminins sont des données très stables, et donc caractéristiques, de l'objet étudié. On les retrouve à des niveaux équivalents dans des pays différents par la culture (comme le Canada) ou par le niveau de développement (pays d'Amérique latine[176]).

Ces infractions sont celles où les caractéristiques sociales négatives sont les moins présentes. Les meurtrières ont notamment été proportionnellement moins victimes de violence que les autres. On retrouve ici la plupart des femmes ayant des capacités intellectuelles nettement supérieures à la moyenne. Cela concerne une femme sur six, deux fois plus que celles ayant des capacités inférieures à la norme. Les deux tiers des meurtrières ont au moins un niveau scolaire V. En revanche elles ne se distinguent pas en ce qui concerne l'intégration professionnelle. Il s'agit pourtant de la seule catégorie de crimes où majoritairement les femmes ont eu comme exemple une mère qui travaillait, deux sur trois. Leur âge est en moyenne de 37,7 ans.

Les crimes sont commis le plus souvent seules, 70,7% des affaires concernées. Le mode de révélation des homicides est dans 42,7% des affaires une enquête. Cela se comprend aisément puisqu'il s'agit des infractions dont la police (ou bien la gendarmerie) est généralement la première informée et qu'elle prend automatiquement en charge. Dans un tiers des cas, il s'agit d'actes spontanément dénoncés par la coupable. Cela s'explique en partie

---

[175] Meurtre, assassinat, meurtre sur mineur de 15 ans, parricide, empoisonnement, meurtre accompagné d'autres crimes ou délits, lesquels forment la catégorie homicides de l'Annuaire statistique de la justice.

[176] V. LIMA MALVIDO (M.) préc.

par la possibilité en matière d'homicide de diminuer sa responsabilité, en plaidant l'accident ou encore la légitime défense. Selon Maria de la Luz Lima Malvido, la femme tue pour résoudre un conflit personnel et s'en prend à des victimes proches affectivement[177]. Le « Rapport sur la violence des femmes », recherche menée par Margaret Shaw et Sheryl Dubois en 1999 au Canada, avait établi qu'effectivement 71% des victimes d'homicides commis par des femmes appartenaient à leur famille[178]. Cela est le cas de 80,9% des victimes répertoriées ici, qui sont dans trois cas sur cinq de sexe masculin.

L'étude des homicides a été divisée en trois parties, selon la qualité de la victime par rapport à l'auteur, chacune équivalant à un tiers des victimes[179] : l'homicide du compagnon, puis celui des enfants, et pour finir ceux ayant d'autres victimes. Chacune se décline en plusieurs types de passage à l'acte, dont les motivations et la mise en œuvre diffèrent.

Section 1. Homicide du compagnon

Les femmes auteurs représentent une part faible de l'ensemble des homicides conjugaux[180], elles en sont au contraire le plus souvent les victimes[181]. Dans les travaux de Patricia Mercader[182], Annick Houel et Helga Sobota, 78% de ces homicides étaient commis par des hommes, données proches de celles du XIXᵉ

---

[177] : « La mujer utiliza su delito como solución a sus conflictos interpersonales. La mayoría de sus homicidios, van cargados de problemas pasionales o afectivos con la víctima", LIMA MALVIDO (M.), préc., pp. 293-294.

[178] In LAVERGNE (C.), LABROSSE (J.), préc.

[179] La répartition en termes de nombre d'infractions est différente : 40% des homicides concernent le compagnon, 27% les enfants, le tiers restant ayant d'autres victimes.

[180] L'expression doit être entendue comme l'homicide, ou la tentative, commis sur le compagnon ou la compagne, quelle que soit leur relation (mariage, concubinage, liaison), voire l'ex-compagnon/compagne si cela est pertinent.

[181] V. not. KELTOKOVA (O.), préc.

[182] MERCADER (P.) « Les déterminants sociaux et psychiques du crime dit passionnel», *Recherches et prévisions*, n°89, pp. 43-53, septembre 2007.

siècle (82% dans les travaux de Joëlle Guillais). Les meurtrières passent souvent à l'acte après plusieurs années de vie commune, voire plusieurs dizaines d'années : l'âge moyen est ici de 43,8 ans et la première, numériquement, des catégories est effectivement celle des « 36-45 ans »..

§ 1. Le crime « passionnel »

On rencontre d'abord le crime dit passionnel, si plaisamment attribué aux femmes. Il s'agit d'un type de passage à l'acte violent, relié abusivement aux sentiments amoureux, au romantisme avec tous les excès qu'il comporte. En 1931, Louis Rabinowicz dans *Le crime passionnel* réfute cette idéalisation : « Pourquoi invoquer le droit divin là où il ne s'agit que de l'égoïsme monstrueux, du désir effréné de possession, de vile jalousie, de l'amour-propre exaspéré, de la vanité, en somme de tout ce que constitue la passion amoureuse ? ». Le médecin Etienne de Greef le ramène ensuite en 1942, dans *Amour et crimes d'amour*, à ce qu'il est, soit un acte violent lié aux carences propres d'un « déséquilibré de l'émotion et de l'affectivité ».

Psychologiquement, le crime passionnel est une réaction de défense face à un abandon que l'auteur, homme ou femme, ne peut accepter. Il a refusé jusqu'au bout d'admettre la rupture, et c'est au moment où il réalise qu'il n'y a plus d'espoir qu'il bascule. Cela peut être parfois un détail futile qui va l'obliger à admettre la réalité. L'une des femmes rencontrées explique par exemple qu'elle n'avait jamais cru à la séparation, bien que depuis trois mois son mari eût quitté le domicile commun et loué un nouvel appartement. C'est uniquement au moment où elle avait ouvert leur penderie commune et constaté que la chemise préférée de son compagnon n'y était plus qu'elle avait réalisé et, immédiatement, décidé de le tuer. Le crime passionnel n'est effectivement pas toujours un meurtre simple, il peut aussi être prémédité.

Cette prise de conscience est un effondrement psychologique, cela s'apparente à un « édifice qui s'écroule », selon l'image du Dr Zagury, et l'auteur doit maintenir le lien à tout prix. Il ou elle est incapable d'imaginer la vie s'il laisse l'autre partir. L'idée du meurtre est étroitement liée à celle du suicide, puisque la rupture est de toute manière l'anéantissement de tout. Dans l'esprit du meurtrier, ou de la meurtrière, la mort de l'autre empêche l'abandon : même s'il n'est plus là physiquement, leur couple n'a jamais été détruit.

Ce fonctionnement psychologique de passage à l'acte explique que les femmes en soient généralement les victimes et non les auteurs. Ce sont elles, et ce n'est pas nouveau[183], qui sont à l'initiative de la séparation dans la très grande majorité des cas. Le contexte de rupture, consommée ou en projet, est très présent dans nos résultats, il concerne deux affaires sur trois, mais il s'agit majoritairement de ruptures souhaitées par la femme et non subies.

Non seulement les femmes sont rarement les auteurs dans ce contentieux particulier mais la part des crimes « passionnels » dans les homicides conjugaux commis par des femmes est très faible. Les meurtres commis pour ce mobile ne concerneraient, au maximum[184], que 17 affaires sur 120. La tentative de suicide effectuée après le crime, assez caractéristique de l'acte « passionnel » n'est présente que dans trois cas sur l'ensemble de l'échantillon.

§ 2. Le crime d'auto-défense

Si la femme ne tue pas pour ne pas être quittée, alors elle peut tuer pour se libérer de son compagnon, cela est le pendant du crime passionnel. Pierre Cannat aboutissait déjà à cette distinction en 1953[185], en soutenant que la femme, elle, tuait pour mettre à fin à l'union.

Des féministes, en particulier l'Université de Montréal, ont développé à partir de cette idée une logique de passage à l'acte directement associé aux violences subies. Les femmes tueraient en réaction à l'oppression dont elles sont l'objet, plus particulièrement aux violences conjugales subies. Au Canada, dont le système

---

[183] Joëlle Guillais a montré que déjà au XIXᵉ siècle, dans le milieu ouvrier, les femmes étaient à l'origine des ruptures.

[184] Plusieurs mobiles peuvent en effet être attribués au même acte, et ce qui s'explique par la passion selon la condamnée relever du crime crapuleux pour le ministère public, aussi le conditionnel s'impose-t-il.

[185] CANNAT (P.), in BARD (C.), CHAUVAUD (F.), PERROT (M.), PETIT (G.) (dir.), préc., p. 268.

pénal diffère considérablement du nôtre, cette théorie a été concrétisée par l'arrêt Lavallee, rendu par la Cour suprême en 1990. Celui-ci consacre le « syndrome de la femme battue », fonctionnement psychologique particulier d'une victime. Il justifierait le passage à l'acte contre le compagnon violent à un moment où la légitime défense légale ne peut être retenue. Ce type d'homicide tirerait son caractère atténuant de l'état d'altération de la perception du danger par la femme. Pouvant se croire sous la menace imminente d'une attaque de son compagnon, bien qu'il n'en soit rien, elle agirait psychologiquement en état de légitime défense.

Les homicides conjugaux, si on en croit cette vision, sont alors présentés de manière binaire, avec d'un côté une « stratégie d'appropriation » masculine qui veut que les hommes tuent pour que la femme ne s'échappe pas et de l'autre une « stratégie de protection » féminine qui veut que les femmes tuent pour échapper à leur compagnon[186]. Cette classification se retrouve dans l'ouvrage de Maurice Korn, *Ces crimes dits d'amour*, et ce sont également les conclusions auxquelles arrive l'étude sur les crimes « passionnels » précitée[187] : « Les mobiles sont différents selon qu'il s'agisse d'une femme ou d'un homme. Les hommes souffrent surtout d'un problème de fusion ou de dépendance à l'autre : « Elle est à moi ». Du côté des femmes, plus de la moitié des femmes parlent d'une relation qui devenait infernale[188]. Pour résumer, les femmes tuent pour se débarrasser de l'être aimé, les hommes pour le garder ». Ces données sont proches de plusieurs études consacrées aux « femmes battues qui tuent ». La recherche récente commandée par le Ministère de l'Intérieur sur le sujet

---

[186] FRIGON (S.), *L'homicide conjugal au féminin d'hier à aujourd'hui*, Ed. du remue-ménage, Montréal, 2003, p. 16.

[187] HOUEL (A.), MERCADER (P.), SOBOTA (H.), Femmes criminelles, femmes ordinaires ?, préc.

[188] Ce seraient alors des crimes de « femme normale » : « le mari alcoolique, le tyran qu'on supporte pendant des années, des années, puis un jour dans la cuisine il vient vous dire quelque chose de travers, vous attrapez un couteau et vous le tuez » (Dr Zagury).

aboutit au chiffre de quinze femmes victimes de violences conjugales[189] sur les vingt-neuf personnes concernées.

Dans notre étude, les résultats ne sont pas aussi parlants. Vingt-six femmes, soit une sur cinq, ont déclaré avoir subi des violences, qu'elles soient physiques ou sexuelles, immédiates ou antérieures à l'acte, de leur victime. Le plus fréquemment elles ont choisi un moment où elles n'étaient pas en danger immédiat pour agir (généralement pendant le sommeil de leur compagnon). Ce choix est expliqué alors par le désir d'en finir avec leur agresseur et la peur qu'elles ressentaient. Il est nécessaire sur ces derniers chiffres d'avoir une interprétation très prudente. L'hypothèse d'une meurtrière victime de violences conjugales peut être fortement sous-estimée ici. Il manque en effet toutes les affaires où les poursuites ont abouti à un non-lieu, la légitime défense ayant été retenue, et celles où l'infraction de meurtre a été requalifiée. Se trouvent déjà dans l'échantillon onze autres cas où le chef d'accusation initial a été modifié en « violences volontaires ayant entraîné la mort sans intention de la donner ». Il est enfin possible que cette requalification se soit traduite parfois en une infraction d'homicide involontaire, l'excluant de fait de notre recherche.

§ 3. Les meurtres « utilitaires »

Les homicides conjugaux des femmes seraient ainsi soit des crimes « passionnels », soit des actes d'auto-défense. Pourtant, cela occulte une dernière catégorie de condamnées, les femmes qui veulent se libérer de leur compagnon dans un but purement égoïste. La séparation est voulue par la femme, ses modalités, séparation ou homicide, envisagées au même niveau et la seconde l'emporte, souvent pour des raisons pratiques. Dans les affaires correspondantes, on trouve un choix raisonné entre les deux options, choix qui certes apparaît anormal, amoral, mais n'est-ce pas le principe même du crime que d'être un acte que l'honnête homme (en l'espèce l'honnête femme) ne commettrait pas ?

Dans notre étude, ce type d'actes représente trois cas sur cinq. Sur les 122 homicides conjugaux recensés, la préméditation, rare-

---

[189] *Étude nationale des décès au sein du couple*, Ministère de l'Intérieur, délégation aux victimes, année 2006.

ment retenue par les jurés pour les passages à l'acte précités, a été considérée comme une circonstance aggravante de la moitié des crimes. On retrouve une certaine exaspération de ces femmes vis-à-vis de leur union, « généralement la femme met en avant le caractère impossible de la vie avec cet homme-là ». Dans l'étude sur les homicides conjugaux, les auteurs recensent comme mobile féminin celui de se débarrasser de ce qui leur apparaît être une « tyrannie », dans 55% des histoires. Cela n'est pas pour autant la réalité, souvent aucun élément objectif ne permet de considérer la victime ainsi. Assez fréquemment même c'est l'auteur qui, par son comportement, encourait la réprobation. Pour quelles raisons le crime lui est-il donc apparu comme plus facile ou plus intéressant qu'une simple rupture ?

L'argent arrive très largement en tête comme mobile dans ce dernier type d'homicide conjugal. Effectivement il est l'un des enjeux de la séparation, particulièrement s'il s'agit d'un divorce. Tuer son compagnon plutôt que le quitter évite de partager le patrimoine en deux. Deux interlocutrices ont par exemple expliqué, avec une sincérité un peu effrayante, que cela leur avait semblé sur le moment être la solution la plus pratique et la plus rapide.

De la même manière, l'infidélité de la condamnée est un mobile fréquent, deux fois plus présente que celle de la victime. L'amant, ou amante, peut être d'ailleurs parfois coauteur ou complice de l'homicide[190]. Une rupture est certes possible, mais il s'agit de situations où précisément les femmes concernées ne seront pas plaintes mais blâmées. La question de la réputation que nous avons évoquée en première partie montre ici toute son actualité, et cela d'autant plus que la femme est bien intégrée socialement. Il n'est apparemment pas évident pour certaines femmes insérées d'assumer quitter un mari auquel elles n'ont rien à reprocher objectivement, même si leur exaspération finit par le leur faire considérer comme un « tyran ». Dans l'une des affaires, le mari n'était pas opposé au divorce, le couple n'avait pas d'enfants et ils étaient mariés sous le régime de la séparation de biens. Pourtant sa

---

[190] Cette situation n'est toutefois pas la norme puisque seul un quart des homicides « conjugaux » sont commis avec une ou plusieurs personnes.

femme l'a assassiné, avec comme unique mobile, selon à la fois l'accusation et ses propres dires, le désir de sauvegarder son image. Considérés comme un couple modèle, personne dans son entourage n'était au courant de ses infidélités à elle. Particulièrement, sa propre famille tenait son mari en grande estime. Elle a ainsi expliqué avoir pris la décision de le tuer plutôt que de demander le divorce, simplement pour éviter d'avoir à s'expliquer et d'être mal jugée.

Une variante de ces meurtres commis au nom de la réputation, concerne des femmes qui, chargées des comptes du ménage, avaient dilapidé le patrimoine familial au fil des années. Suite à un changement dans leur situation (chômage ou retraite), leurs conjoints allaient nécessairement découvrir ce qu'elles avaient réussi à maquiller jusque-là, raison pour laquelle elles ont commis l'homicide. Ainsi les meurtres étant cachés (les corps avec), il n'y avait plus personne pour leur demander des comptes, plus aucun risque que leurs malversations soient connues du reste de leur entourage.

Un divorce ou une séparation mettent en jeu un autre problème important, celui des enfants, dont certaines mères ne veulent pas perdre la garde, ni même la partager. Au-delà d'un instinct de possession excessif, cela signifie qu'elles ne pourront jamais exclure totalement de leur vie ce compagnon dont elles ne veulent plus. Pour qu'elles en arrivent à tuer leur (ex) compagnon pour ce motif, il faudrait néanmoins que les deux soient violemment en conflit, même en guerre ouverte, hypothèse très rare. La garde des enfants ne constitue, en matière d'homicide conjugal, qu'un mobile additionnel du passage à l'acte.

Enfin, il faut insister sur l'importance de la problématique alcoolique. L'homicide du compagnon est l'une des infractions dans laquelle son influence est incontestable. Elle apparaît à vingt-six reprises sur l'ensemble, plus d'un cas sur cinq, et encore n'a été retenue que l'alcoolisation de la femme auteur. Plus que d'être présente, elle est dans ces affaires-là au minimum un élément déclencheur voire l'unique raison du crime. Il se produit dans un contexte de dispute, souvent anodine, le taux d'alcoolémie de la condamnée lui faisant perdre le contrôle de ses réactions. Les quelques récidives criminelles de notre échantillon suivent précisément ce schéma. Les antécédents de violences commises dans des conditions identiques, mais sans conséquences dramatiques, sont très fréquents dans ces affaires.

Section 2. Homicide de l'enfant

Pénalement, l'homicide d'un enfant par sa mère correspond aux infractions classiques aggravées des circonstances particulières « sur mineur de 15 ans » et « par ascendant ou personne ayant autorité ». Sur 124 enfants seuls sept n'étaient pas les enfants naturels de l'accusée, tout en étant sous son autorité. Enfant doit en effet se comprendre, dans les affaires d'homicides, au sens de la filiation non seulement légale mais aussi biologique. Ce qui se joue entre la mère et sa victime a ici un aspect purement charnel qu'on ne peut pas ignorer. Quel que soit l'âge de l'enfant, il est pour la femme un morceau de son propre corps.

Deux grands types d'homicides sur mineurs existent, dont il faut distinguer les passages à l'acte. En premier lieu, l'infanticide, qui, bien que le terme soit aujourd'hui employé dans un sens générique, désigne l'homicide d'un nouveau-né ayant moins de trois jours et comprend le néonaticide[191]. Ensuite le libéricide, selon l'appellation la plus couramment admise, qui concerne les enfants plus âgés.

§ 1. L'infanticide

Il est l'acte criminel le plus féminin, tant dans la littérature que dans les faits, puisqu'il est directement relié à la grossesse, l'accouchement et la naissance. Cependant, cette affirmation n'a pas de valeur absolue, puisque le crime lui-même désigne un acte précis dans une période de temps définie, et peut donc être commis par n'importe qui[192].

Dans le Code pénal de 1810, l'infanticide était une infraction particulière, définie à l'article 300 par la condition de nouveau-né

---

[191] Lequel est le meurtre d'un enfant dans les premières vingt-quatre heures.

[192] Dans trois affaires, l'infanticide a été commis avec l'aide d'une autre personne. Nous avons aussi eu connaissance de quelques condamnations d'hommes seuls, pour de mêmes faits de néonaticide.

de l'enfant. La loi du 20 novembre 1901 ajouta l'article 302, qui prévoyait une excuse atténuante pour la mère, justifiée par l'état d'affaiblissement post-partum. A partir de 1850, plusieurs théoriciens développent en effet ce thème, en parlant de « folie passagère transitoire » après l'accouchement (Esquirol, 1838) ou de psychose puerpérale (Tardieu, 1868). On pouvait retrouver, jusqu'il y a peu, ce particularisme dû à la qualité et la situation de l'auteur dans la plupart des codes pénaux étrangers[193], par exemple l'article 238 de celui du Danemark[194], ou l'article 123 du code pénal brésilien[195].

En France le législateur a essayé d'adapter les textes à la pratique, en modifiant l'infraction à plusieurs reprises. La loi du 2 septembre 1941 la correctionnalise, non pour la punir plus légèrement, mais au contraire pour qu'elle soit réprimée. Les jurés des Cour d'assises étant trouvés trop indulgents, les acquittements trop fréquents, la répression de cette infraction est laissée aux magistrats, avec un seuil minimal de peine de trois ans. La loi du 13 avril 1954 la criminalise de nouveau, séparant toujours par les peines encourues la mère et les autres auteurs potentiels. En 1994, le nouveau Code pénal n'a pas conservé l'infraction. Aucune différence n'est dorénavant faite ni entre l'homicide d'un nouveau-né et celui d'un enfant plus âgé, ni entre la mère et les autres auteurs possibles[196] (si ce n'est en tant que circonstance aggravante pour la première).

Les explications psychologiques de ce crime ne sont pas simples. Actuellement, suite à la médiatisation d'un certain nombre d'affaires d'infanticide, il est souvent question du déni de grossesse. Le vrai déni de grossesse, nous entendons par là le déni

---

[193] Fait relevé et dénoncé par la littérature féministe des années 70, not. BERTRAND (M.-A.), préc.

[194] « Si une mère tue son enfant au cours de l'accouchement, ou immédiatement après, il est à présumer qu'elle a agi dans un état de détresse, par peur du déshonneur, dans un état d'affaiblissement ou d'affolement ... ».

[195] « L'infanticide est le fait pour une mère de tuer son enfant, sous l'influence de l'état puerpéral, pendant l'accouchement ou aussitôt après. ».

[196] « Le meurtre est puni de la réclusion criminelle à perpétuité lorsqu'il est commis : 1° Sur un mineur de 15 ans », art 221-4 C. pén.

absolu, signifie que la femme ne sait pas consciemment qu'elle est enceinte. Elle n'a à aucun moment soupçonné son état, son corps ne s'est pas modifié, en tout cas pas de manière significative. Le déni peut durer jusqu'au moment de l'accouchement et là, effectivement, créer des conditions de choc psychologique expliquant le meurtre de l'enfant. Il s'agit ordinairement de jeunes filles ou femmes immatures, qui n'ont encore jamais associé l'idée de la maternité à leur propre sexualité, ce qui explique la résistance de leur psychisme. Ce profil classique n'est pas le seul possible. Par exemple, une femme agressée, pour laquelle le traumatisme ne peut non plus être d'aucune manière assimilé à la sexualité ni donc à la maternité, est susceptible d'affronter le même blocage. On comprend, dans ces conditions, que l'enfant n'ait pu, si le déni subsiste jusqu'au terme, être investi et que la femme soit, au moment de l'accouchement, dans l'impossibilité de le concevoir comme une personne.

Mais il faut distinguer ce qui relève du déni total et de la dénégation de la réalité. Dans ces cas-là, le mécanisme psychologique est différent. La femme sait qu'elle est enceinte mais elle est incapable d'assumer cette réalité et ses conséquences. A cause de cela, elle cache volontairement son état à son entourage. « C'est une espèce de politique psychique de l'autruche[197]». Ce schéma peut se retrouver dans d'autres situations que la grossesse : il arrive par exemple qu'une personne refuse l'idée d'être atteinte d'une maladie grave. Elle sait qu'elle l'est, elle est consciente de chaque signe de la maladie mais son rejet de l'idée, sa peur de la mort l'empêchent d'agir en conséquence (« je sais mais je ne veux pas savoir »[198]). Elle cache ses symptômes à son entourage et ne va pas consulter de médecin, tant qu'elle ne se retrouve pas au pied du mur. Dans une même logique de dénégation de la réalité, elle arrive ainsi à se maintenir dans l'illusion qu'elle est en bonne santé aussi longtemps que le diagnostic n'a pas été prononcé.

---

[197] Entretien avec le Dr Zagury.

[198] MARINOPOULOS (S.), *Le déni de grossesse*, publication de la Coordination de l'Aide aux Victimes de Maltraitance (programme de prévention du Ministère de la Communauté française de Belgique), coll. Temps d'arrêt, 2007.

Il y a ici, contrairement au déni, une réelle part de libre-arbitre dans l'accomplissement de l'acte. Quelles que soient les peurs que soulève cette possible naissance, la femme choisit de ne pas les affronter. Pour Hélène Romano, l'issue mortelle de ces grossesses est prévisible dès le début : aucun suivi médical n'est effectué, ni aucune déclaration de grossesse, tout est fait pour nier son état et, par voie de conséquence, la possibilité de mettre un enfant au monde. Odile Verschoot compare, elle, cet acte à un « IVG[199] post-partum, soit un refus de donner la vie plutôt qu'une intention de donner la mort[200] ».

Aujourd'hui plusieurs autres solutions existent mais pour envisager un accouchement sous X par exemple, encore faudrait-il que la femme admette, face à une autre personne, qu'elle est enceinte et va accoucher. Or, si elle n'ignore pas son état puisqu'elle le dissimule, en revanche le blocage porte sur la naissance future. Selon l'expression employée par le Dr Daniel Zagury, il ne s'agit pas là d'un déni de grossesse mais du « déni de l'inéluctabilité de la fin de la grossesse ». Elle est incapable d'assumer le fait qu'un enfant va naître et que des décisions sont à prendre.

Son état est en fait ressenti comme uniquement physique, comme le serait une maladie quelconque, et non pas émotionnel. L'enfant n'est pas considéré comme une future personne, il n'est qu'un « truc qui gonfle dans mon ventre »[201]. Cela explique que ces femmes infanticides puissent affirmer qu'elles n'ont tué personne, elles se sont simplement débarrassé d'une chose, un corps. Sophie Marinopoulos, à propos de la construction psychique de la maternité, décrit les premiers mois ainsi : « Le premier trimestre ouvre sur l'état d'être enceinte qui relie la femme à un corps fécondant habité. Il ne s'agit nullement de l'attente d'un enfant mais plus exactement d'un «état d'être». La métamorphose corporelle est bien intériorisée dans le changement propre de la femme d'un point de vue psychique, mais il n'y a pas de représentation

---

[199] Interruption volontaire de grossesse.

[200] VERSCHOOT (O.), *Ils ont tué leurs enfants, approche psychologique de l'infanticide*, Ed. Imago, 2006. p. 111.

[201] Expression employée par l'une des femmes rencontrées.

d'enfant.[202] ». Cette dénégation de la réalité pourrait alors être autrement comprise comme un vécu de grossesse n'ayant pas dépassé ce stade. Au moment de l'accouchement, la femme est toujours bloquée dans cette période de découverte, de ressenti physique. Elle n'a même pas commencé à « apprivoiser » l'idée d'un enfant : « A-t-elle tué un bébé ? On le lui dit. Elle se le dit. Elle l'a fait. Est-ce que c'était un vrai bébé ? [...] Celui-là, elle a encore du mal à l'imaginer en bébé, en vrai bébé, son vrai bébé. Elle est sûre de son existence mais a-t-il vraiment été un bébé ? Un bébé comme les autres ? »[203].

En ce qui concerne les raisons qui peuvent empêcher l'investissement de l'enfant, elles répondent à l'histoire personnelle de chacune. Il n'est pas rare que ces femmes soient déjà mères avant le crime ou le deviennent après, et cela n'empêchera absolument pas qu'elles soient de bons parents. Dans l'un des cas étudiés par exemple, une femme, mère d'un enfant de quatre ans, ne voulait pas en avoir d'autres de peur de ne pas être capable de s'occuper de tous convenablement. Elle faisait partie d'une grande fratrie, huitième enfant sur onze et cinquième fille, et ne voulait pas reproduire ce modèle. En revanche son mari, fils unique, souhaitait lui une famille nombreuse et elle n'avait jamais réussi à le lui dire. Incapable d'assumer son refus, elle ne prenait pas de contraception, mais tout autant incapable d'assumer l'idée d'avoir un autre enfant elle est devenue criminelle. Un autre infanticide relevait de motivations strictement opposées : déjà mère de plusieurs enfants, une femme en désirait d'autres mais se heurtait au refus catégorique de son mari, qui laissait pour autant entièrement à sa charge le problème de la contraception. Elle a vécu sa grossesse cachée dans l'attente d'une réaction, jouant à être « peut-être enceinte mais pas vraiment », comme elle le dit. Redescendant brutalement sur terre au moment de l'accouchement, elle a alors paniqué.

Elles ne sont pas, comme dans le cas d'un déni total, inconscientes de la situation. Cela ne signifie pas pour autant qu'elles en sont maîtresses et que leur refus psychologique d'admettre la réali-

---

[202] MARINOPOULOS (S.), *Le déni de grossesse*, préc.
[203] Même auteur, *La vie ordinaire d'une mère meurtrière*, Ed. Fayard, 2008, p. 88.

té d'un enfant n'est pas profond. Quelle que soit la raison qui les a amenées à se taire, il faut bien concevoir que plus les jours passent, moins il leur est possible psychologiquement d'annoncer leur grossesse si personne ne leur tend la perche. Enfermées dans leur non-dit, elles se retrouvent d'une certaine manière prises au piège lorsque l'enfant arrive. Il paraîtrait difficile à n'importe quelle femme d'annoncer à ses proches, ceux qu'elle côtoie quotidiennement, qu'elle vient à l'instant d'accoucher alors que personne ne la savait enceinte...

Certains se montrent étonnés face à des affaires où l'infanticide a concerné non pas un nouveau-né mais plusieurs, lors de grossesses successives. Cela paraît en effet peu compatible avec un réel déni de grossesse, la probabilité pour que le même blocage absolu, mental et corporel, réapparaisse est très faible. En revanche, cela s'explique parfaitement s'il s'agit de dénégation de la réalité. Tant que la femme n'a pas verbalisé son acte, qu'elle n'a pas eu à l'assumer, qu'elle n'a pas affronté le regard de quelqu'un d'autre, elle n'a pas pu évoluer. Les raisons qui l'ont conduite au crime la première fois sont toujours présentes. Si elle est une nouvelle fois enceinte et qu'encore une fois l'entourage est atteint d'une « cécité psychologique », le risque de récidive est évident.

Cet aveuglement des proches, qui ne remettent pas en cause son mensonge, participe d'ailleurs pleinement au passage à l'acte de la femme. Si elle est dans l'incapacité d'affronter l'idée de sa grossesse, seule peut l'y obliger une intervention de l'extérieur ; a contrario l'absence de réaction de sa propre famille ne peut que la conforter dans l'illusion que son état ne nécessite aucune prise de décision immédiate. Bien qu'elle soit reconnue comme authentique par les experts, cette cécité de l'entourage soulève un certain nombre de questions. Pour qu'ils soient ainsi entraînés dans le mensonge de la femme, que, comme elle, ils refusent de verbaliser cette grossesse, on peut se demander si l'origine du blocage est à chercher chez la condamnée uniquement. Peut-être n'est-on pas toujours en face d'un simple refus de maternité, mais plus largement d'un refus de parentalité du couple, que la femme concrétise et que le compagnon, par son silence, cautionne.

En règle générale, la femme se débarrasse du corps, méthodiquement. Il arrive néanmoins que ce dernier soit conservé, par exemple dans un congélateur comme dans certains cas récents. Pour le Dr Zagury, ce comportement s'inscrirait parfaitement dans la suite d'un « déni de l'inéluctabilité de la grossesse». La femme sait qu'elle est enceinte mais elle n'est pas prête à en assumer la conséquence, avoir un enfant. Elle va dissimuler son état, repoussant sans cesse la confrontation avec la réalité et, n'ayant pas réglé ce conflit, tue le nouveau-né. Elle n'était pourtant pas nécessairement dans le refus d'enfant, parfois simplement dans l'incapacité momentanée d'y faire face. En ce cas, conserver le corps correspondrait dans son esprit, au moins en partie, au prolongement de la grossesse, c'est-à-dire un statu quo où ce qui pourrait devenir un enfant demeure, en attendant le jour où elle sera enfin prête à l'assumer. Le Dr Lamothe, également expert psychiatre, en donne la même interprétation : « Pour toutes ces femmes, le congélateur est d'abord un moyen formidable d'obtenir un compromis : je n'ai pas vraiment tué mon bébé, il est toujours là. Ces mères ne veulent pas reconnaître leur geste, trop choquant pour leur identité et leur amour-propre ».

Certaines femmes peuvent aussi éprouver, selon leurs propres dires, la certitude qu'elles ont le droit légitime de faire ce qu'elles veulent de « l'objet ». Ou il devient un bébé, par leur simple volonté, ou elles peuvent s'en débarrasser, puisqu'il sort de leur propre corps et donc leur appartient. On rencontre ici pour la première fois une problématique récurrente dans notre recherche, celle de la toute-puissance liée à la conception même de la maternité.

Concernant l'échantillon, la possibilité qu'il y ait eu un déni de grossesse[204] n'est envisageable que dans trois cas sur trente et un. L'interprétation de ces chiffres doit être là aussi très prudente : il nous apparaît certain, au terme de ce travail, que seule une extrême minorité de néonaticides arrive en Cour d'Assises. Tous ne sont pas identifiés comme des crimes, c'est-à-dire saisis par la justice pénale, et lorsque c'est le cas ils peuvent être correctionnalisés ou se solder plus probablement encore par un non-lieu. Selon Yves Charpenel, avocat général à la Cour de cassation, « dans

---

[204] Il s'agit d'affaires où l'accusée n'a pas déclaré avoir volontairement dissimulé sa grossesse. Pour autant l'hypothèse d'un déni de grossesse a été avancée par la défense une seule fois.

l'immense majorité des cas, l'irresponsabilité pénale est en effet retenue par les psychiatres ». Dans ces conditions, ces résultats peuvent tout à fait ne pas refléter la réalité des néonaticides mais uniquement de ceux qui ont été criminalisés.

Dans l'étude de Mme Romano, 19% des cas de morts suspectes de nourrissons relèvent de la catégorie « infanticide ». La nôtre laisse apparaître des résultats un peu supérieurs, 25,4% des décès de mineur[205] sont des homicides volontaires commis dans les trois jours suivant la naissance. Il s'agit ici sans exception de néonaticides, réalisés dans les 24 heures, généralement même dans les premières minutes[206]. L'âge moyen de ces femmes infanticides est de 27,5 ans. Celui-ci est un peu élevé par rapport à l'image que l'on a traditionnellement de cette infraction, celle d'une adolescente. Il est toutefois le plus jeune de toutes les catégories et inférieur à celui de l'âge moyen à la maternité[207] dans l'ensemble de la population féminine. Il est proche également de celui qui ressort de la recherche menée à partir de 56 « grossesses non suivies non déclarées » par Pierronne, Delannoy, Florequin et Libert[208], soit 26 ans. L'information étant rarement mentionnée, les données relevées ne permettent pas de déterminer si le sexe de la victime est un élément significatif de l'infraction.

Selon Hélène Romano, il existe actuellement une « dérive visant à assimiler au même mode opératoire tous ces crimes » et nous partageons totalement cette opinion. Lors d'une conférence récente, l'intervenante a ainsi systématiquement fait l'amalgame entre déni de grossesse et infanticide, utilisant indifféremment l'un ou l'autre terme, comme si les deux allaient nécessairement de pair. Encore une fois, rien n'est moins vrai. La grande majorité des dénis ne durent que quelques mois. Le déni prendrait généralement fin dès que l'IVG n'est plus possible[209] et de manière

---

[205] Les homicides et toutes les infractions ayant entraîné la mort d'un mineur sans intention de la donner (violences, négligences, tortures).

[206] Dans deux cas les femmes ont toutefois pris le temps de la réflexion avant de passer à l'acte, une demi-heure pour l'une, trois heures pour la seconde.

[207] 29,9 ans, selon le bilan démographique 2009 de l'INSEE.

[208] In MARINOPOULOS (S.), *Le déni de grossesse*, préc.

[209] V. travaux de Sophie Marinopoulos.

générale lorsque la femme se sent capable d'assumer sa grossesse. Même lorsqu'il se poursuit jusqu'à l'accouchement, il ne va pas forcément de pair, loin de là, avec un crime, malgré le traumatisme psychologique vécu par la femme. Inversement, comme nous l'avons écrit, un infanticide ne fait pas non plus nécessairement suite à un déni. Une dénégation de la réalité, pour pathologique qu'elle soit, n'a pas la même signification. Entre ignorer et nier sa grossesse, il y a une différence importante. On peut même envisager un troisième scénario_ qui s'apparenterait à la situation exisexistant avant la loi Veil _, une totale dissimulation de grossesse, qui n'exprimerait pas un blocage psychologique au niveau de l'état ou de l'enfant, mais une décision rationnelle.

Ces trois explications possibles d'un néonaticide ne se ressemblent pas et n'appellent pas la même réponse, il est donc essentiel de les distinguer. Le véritable déni de grossesse constitue, de fait, une cause d'irresponsabilité pénale s'il provoque le crime, commis aussitôt après l'accouchement. La dissimulation totale de grossesse, à l'extrême opposé, doit être vue comme un homicide ordinaire. Dans ce cas-là l'enjeu d'un jugement serait précisément de comprendre pourquoi une femme entièrement consciente de la situation a choisi, malgré les autres moyens disponibles, de commettre ce crime. Entre les deux, le phénomène de dénégation de la réalité, qui est le plus courant dans les affaires étudiées ici, nécessite lui aussi, à notre avis, une sanction pénale. Si le crime a pu avoir lieu, et même se reproduire parfois, c'est précisément parce qu'elle n'a pas eu à assumer sa grossesse ni son acte. Il faut donc à la fois que le tabou sur ce qu'elle a vécu disparaisse et que lui soit apportée une réponse claire par la justice, pour qu'elle assimile son passage à l'acte à une infraction grave[210].

---

[210] « Le pire, pour elles, ce serait de dire qu'il ne s'est jamais rien passé, qu'elles ne sont pas responsables. Elles ne pourraient alors jamais s'en sortir. », MARINOPOULOS (S.), *Solitude des futures mères*, tribune libre dans *l'Humanité*, 1er septembre 2007.

§ 2. Les libéricides

Le meurtre n'est généralement pas ici un acte de violence mais un acte d'amour, même si celui-ci est pathologique, et ne concerne que les enfants naturels. Ces actes présentent une caractéristique très particulière, ils sont les seuls à être presque exclusivement portés à la connaissance de la justice par la femme auteur elle-même, cela représente 87,2% de ces affaires. Ces mères sont plus âgées que les infanticides. La moyenne de ce groupe est de 33,5 ans. Elles se répartissent entre les créneaux « 26-35 ans » et « 36-45 ans », ce dernier numériquement supérieur. Quant à leurs victimes elles ont 5 ans et demi en moyenne, et aucune différence entre les sexes n'apparaît.

Philippe Resnick, psychiatre américain, distingue le filicide altruiste assimilé au mécanisme de suicide, et le filicide par vengeance : « syndrome de Médée »[211]. Bien que ce soit la terminologie classique, la notion de libéricide ou filicide « altruiste » nous semble peu adéquate. En effet, cet adjectif caractérise un certain type de suicide, celui réalisé dans le but d'épargner de la souffrance à ses proches, durant une période de dépression mélancolique. Cette forme grave de dépression constitue un état médical particulier, à cause duquel la responsabilité est fortement atténuée. Là encore il faut éviter d'amalgamer des situations différentes, la dépression mélancolique étant presque totalement absente des affaires criminalisées[212]. Dans deux affaires seulement une dépression grave de la mère, ayant sans aucun doute joué un rôle dans le passage à l'acte, a été constatée.

On l'a néanmoins dénommé ainsi car le meurtre de l'enfant est commis selon les dires de l'auteur, pour éviter qu'il souffre. Pourtant, le mécanisme psychologique de ces actes est plus complexe que cela. C'est au niveau de la représentation fusionnelle[213]

---

[211] RESNICK (P.), Child murder by parents: a psychiatric review of filicide, *The American journal of psychiatry*, 1969, pp. 325-333, in VERSCHOOT (O.) préc. pp. 35-36.

[212] Chiffre noir, irresponsabilités pénales et disqualifications doivent là aussi être gardés à l'esprit, pour ne pas interpréter abusivement les résultats.

[213] MERCADER (P.), HOUEL (A.), SOBOTA (H.), L'asymétrie des comportements amoureux : violences et passions dans le crime dit passionnel, préc., p. 107

du lien mère-enfant que l'infraction s'explique. Pour ces femmes, il s'agit d'une union éternelle, elles ne font pas de distinction entre l'enfant et elles-mêmes, c'est un amour totalement dénué d'altérité. Odile Verschoot, psychologue en milieu pénitentiaire, écrit notamment que les libéricides rencontrés ne parlent jamais de leurs enfants directement, mais uniquement par rapport à eux-mêmes, en s'efforçant de démontrer qu'ils ont été de bons parents[214]. L'enfant n'existait en effet que dans sa relation avec elle, par ce que le rôle de mère représentait dans la construction de sa propre image. La conception de ce lien fusionnel induit que, à ses yeux, son enfant ne peut pas être heureux sans elle. Elle lui prête ses propres angoisses, en particulier la terreur d'être abandonnée, et elle ne veut pas en être la cause.

Le contexte émotionnel dans lequel l'acte est commis est spécifique. Dans plus de la moitié des cas, c'est suite à une rupture entre la femme et son compagnon (qu'il soit ou non le père de l'enfant)[215]. Il s'agit cette fois d'une rupture provoquée par ce dernier et non acceptée par la femme. Celle-ci, effondrée, décide alors de se suicider, puisqu'elle est incapable d'imaginer un avenir. Mais elle est mère aussi, et une très bonne mère, du moins c'est de cette manière qu'elle-même se perçoit. Il lui est donc inimaginable de se suicider en laissant son enfant derrière elle. « Quand on leur dit « Mais pourquoi vous ne vous êtes pas suicidée sans vos enfants ? », elles sont scandalisées, vraiment scandalisées ! « Mais enfin je les aurais abandonnés, je n'allais pas les abandonner ! » »[216]. Le crime permet alors de les emporter avec elles dans la mort et de leur éviter cette souffrance. Si dans les cas d'infanticide moins l'enfant est investi pendant la grossesse, plus le risque de passage à l'acte est important, concernant les enfants plus âgés le raisonnement est inversé. En effet, ce sont les enfants

---

[214] Les mêmes observations nous ont été faites par des bénévoles associatifs intervenant en milieu carcéral.

[215] Dans quelques cas, les problèmes financiers étaient à l'origine de la décision suicidaire de la femme, qui relevait malgré cela de la même logique.

[216] Extrait de l'entretien mené avec le Dr Daniel Zagury.

les plus désirés, les plus couvés, les plus aimés qui sont les plus susceptibles d'être assassinés[217].

Il n'est pas toujours évident de distinguer ce qui relève du « syndrome de Médée » du meurtre dit « altruiste ». Plusieurs éléments de la situation peuvent se recouper. Le désir criminel de vengeance, prêté à l'épouse abandonnée de Jason, est généralement lié à cette rupture subie que nous évoquions plus haut. Nous verrions cela plutôt comme une variante possible, une composante d'un même mécanisme psychologique. Pour les femmes, suite à la rupture, on trouve parfois un conflit futur autour de la garde de l'enfant, que le père ait l'intention de la demander ou même simplement un droit de visite. La femme déjà abandonnée par son compagnon refuse qu'on lui vole en plus ses enfants. C'est plus qu'elle ne peut en supporter, mais elle refuse pour autant de se transformer en « abandonneuse ». Là non plus, tuer n'est pas synonyme de quitter ou d'abandonner, car « la séparation ne concerne que les vivants »[218]. Quant à l'idée de faire subir à son ex ce qu'elle a subi, la perte de ce qui était le plus important pour son équilibre psychique, elle apparaît dans un quart des passages à l'acte. Simplement il s'agit alors d'un mobile additionnel du crime, non suffisant à lui seul.

Tous ces éléments renvoient clairement à un mécanisme psychologique déjà évoqué. On retrouve en effet ici toutes les caractéristiques du crime « passionnel ». Nous sommes donc très loin de la dépression mélancolique ou de la psychose. Il avait été dit, dans la section précédente, que leur part dans l'ensemble des homicides conjugaux féminins était faible. Cela paraît logique puisque, selon nous, le vrai crime « passionnel » de la femme n'est pas l'homicide du compagnon mais celui de l'enfant.

La relation mère-enfant est celle que la femme ne peut pas détruire ni laisser s'effondrer. Rapporter le libéricide au crime « passionnel » trouve quelque confirmation dans le nombre de tentatives de suicide comptabilisées. 19 ont été relevées sur 40

---

[217] LE MANAC'H (L.), *L'infanticide, mythe, fantasme et réalité*, Université de Nantes, 2006.

[218] ZAGURY (D.), préc.

Homicides

histoires, contre 3 seulement pour les homicides conjugaux (120 affaires). Là aussi, l'homicide est associé au suicide, aucune différence entre les deux n'est perçue par l'auteur. Ils participent d'un même mouvement : permettre à la mère et à l'enfant d'être unis à jamais.

Il est difficile, voire impossible à l'heure actuelle d'obtenir le rapport entre crimes passionnels et tentative de suicide réussie ou simulée. Le mode opératoire suicidaire féminin (médicaments, veines ouvertes) peut expliquer partiellement les échecs. A travers les cas étudiés, on peut tout de même remarquer qu'assez souvent les femmes laissent une porte ouverte avant d'essayer de se suicider. Certaines appellent un proche, un ami pour les prévenir de leurs intentions, deux ont directement prévenu les secours avant même de passer à l'acte… Bien sûr, cela n'a été réalisé qu'après la mort de l'enfant, pas avant. « L'abrasement des tensions », selon l'expression du Dr Zagury, le sentiment paradoxal de soulagement qui suit le meurtre fait baisser la conviction de l'auteur qu'elle doit se donner la mort. Comme pour tout crime « passionnel », le but est de toute manière atteint, la relation n'a pas été et ne sera désormais jamais rompue, l'enfant jamais perdu.

Il existe un type particulier de filicide que nous avons souhaité évoquer. Dans notre échantillon se trouvent douze histoires[219] de femmes tuant leur enfant handicapé. Cela représente à peu près un cas sur cinq, avec un fonctionnement particulier. On retrouve l'idée selon laquelle la mère, dans une logique identique de toute-puissance, possède un droit dérogatoire sur la vie de son enfant. Les faits sont simples : une mère tue son enfant, atteint d'un handicap, essentiellement dans nos exemples l'autisme, acte qu'elle assume du début à la fin. Quand on rentre dans le détail de ces affaires, un schéma ressort : la mère décide de s'occuper seule de

---

[219] Dans la moitié d'entre elles, la victime était majeure, ce qui n'a aucune incidence sur la logique du passage à l'acte. Celui-ci s'explique en effet par le lien particulier de filiation entre mère et enfant, non par l'âge de la victime. La situation est strictement la même puisque, du fait de leur handicap, les victimes étaient toujours dépendantes de l'auteur.

son enfant handicapé ou malade, refusant le placement[220]. Puis vient un moment où elle ne peut plus continuer, de quelques mois à presque trente ans selon les affaires, la situation étant émotionnellement, physiquement et psychiquement épuisante.

Des circonstances ont pu aggraver encore son état, elle est souvent en arrêt de travail, fait une dépression, n'est pas aidée par son conjoint lorsqu'il est là et peut même devoir affronter au quotidien le comportement violent de son enfant. Il nous paraît toutefois nécessaire d'ajouter que cet acte n'est pas, dans les cas étudiés, motivé directement par la compassion maternelle. Le passage à l'acte, qui se produit après plusieurs années de prise en charge[221], ne correspond pas à un changement médical de l'état de la victime, pas plus que de l'auteur. La situation n'a pas empiré avant que la décision de tuer ne soit prise, ce ne sont pas la réalité ou la gravité du handicap qui ont changé mais les capacités psychologiques de la mère à le prendre en charge. Il faut naturellement essayer de concevoir le dilemme auquel elle doit alors faire face. Elle ne peut plus s'en occuper mais elle ne veut pas l'abandonner. Quand bien même elle s'y résignerait, son revirement d'attitude risque de lui paraître difficile à assumer après plusieurs années d'engagement total auprès de son enfant, ne serait-ce que vis-à-vis d'elle-même. Même si elles peuvent penser que ce crime a rendu service à leur enfant, c'est cette lassitude qui a été désignée, par ces mères elles-mêmes, comme explication de leur geste. Ce type d'homicide obéit donc à une logique complexe, et il n'est pas sain de le réduire à une image romanesque du sacrifice maternel, ni pour la victime, complètement oubliée dans ces affaires, ni pour l'auteur elle-même.

Ce qui doit interpeller ici, ce ne sont pas tant les mères et leurs actes que la réaction qu'ils suscitent dans la société. Autant il est compréhensible que ces mères ne soient pas assimilées à certaines autres femmes de l'échantillon, autant la présentation consensuelle qui en est faite, comme de leurs actes, est plus problématique. Les

---

[220] Le manque de structures adaptées, notamment à l'accueil des autistes, est évidemment pour beaucoup dans cette décision. Souvent en effet le seul autre choix qu'elles avaient pour leur enfant était l'hôpital psychiatrique.

[221] L'âge moyen de ces mères est le plus âgé de l'échantillon : 50,9 ans.

articles relatant ces affaires sont dithyrambiques. Les procès d'Assises ne servent qu'à rendre hommage au courage de ces mères et de tribune pour dénoncer la dramatique insuffisance des fonds publics consacrés à la prise en charge du handicap. Les bancs des parties civiles sont vides. Les réquisitoires de l'avocat général sont parfois identiques aux plaidoiries de la défense, c'est lui qui réclame l'indulgence, la plus grande compréhension envers l'accusée. Dans l'une des affaires, le Président de la Cour d'assises, en lisant le verdict, s'est même adressé directement à l'accusée pour lui expliquer qu'il fallait qu'une condamnation soit prononcée, dans le respect de la loi, mais qu'il ne s'agissait pas pour autant d'une condamnation morale... Face à un tel consensus il devient difficile d'émettre des réserves, pourtant cet excès de compassion est dangereux. Certes ces mères peuvent mériter plus d'indulgence que d'autres mais cela ne doit pas occulter qu'elles ont commis un meurtre, qui plus est sur une personne incapable de se défendre. La victime est totalement absente du procès, excepté lorsqu'il est question d'évoquer la lourdeur de son handicap. Seulement celui-ci ne constitue pas une cause d'atténuation de la responsabilité de l'auteur, encore moins d'exonération.

Outre que, comme cela a été signalé, les mères passent à l'acte avant tout par lassitude, certaines d'entre elles s'éloignent beaucoup plus radicalement du meurtre dit « de compassion ». Deux d'entre elles ont ainsi tué leur enfant handicapé parce qu'elles le considéraient comme une charge, un fardeau, un « boulet »[222], alors même qu'il était placé en institution. Cette différence, considérable il nous semble, avec le portrait de la « mère courage », aurait dû faire une différence dans la perception de leurs actes comme dans leur répression, ce n'est pourtant pas le cas. A partir de ce moment-là, on est obligé de s'interroger : si ce ne sont pas les qualités de l'accusée, son état d'épuisement, ses motivations qui expliquent l'indulgence populaire, alors on peut craindre que cela ne soit le handicap de la victime. Il serait nécessaire de prendre conscience du danger afin d'éviter que ne s'installe dans la société « un eugénisme subtil », selon l'expression d'un avocat général.

---

[222] Il s'agit naturellement des propres dires des personnes concernées.

De la part des familles de personnes handicapées, nous avons entendu des avis divergents, cela se comprend, le sujet est délicat. Certaines souhaitent que ces drames servent au moins à reconnaître les efforts qu'a dû faire l'accusée, le dénuement dans lequel elle se trouvait, faute de solutions alternatives, parce qu'il s'agit souvent de la même histoire que la leur. D'autres craignent évidemment que cela n'aboutisse à considérer que l'infraction est moins grave parce que la vie de la victime était plus difficile que celle d'une personne valide. C'est pourquoi il faudrait traiter ces affaires avec un peu plus de recul, les utilisant, cela est nécessaire, pour essayer de sensibiliser sur la question du handicap mais sans faire d'amalgame ni d'excès dans la présentation des cas individuels. Trouver des circonstances atténuantes, compatir à la situation d'une personne n'est pas absoudre son acte.

Il faut enfin signaler que dans un cas sur dix les libéricides répondent à un vrai désir de supprimer l'enfant. Deux des affaires étaient des infanticides sur deux générations : la personne étudiée a aidé sa fille à tuer le nouveau-né de celle-ci. Les autres ont été commis sur des enfants rejetés par leur mère, sans que le lien de filiation ne joue un rôle particulier dans le passage à l'acte. La décision peut notamment être prise suite à la rencontre d'un nouveau compagnon, soit que celui-ci n'en veuille pas, soit que la mère ne supporte plus cet enfant qui lui rappelle une relation précédente. Peuvent y être rattachés les meurtres sur mineur restants, crimes ou tentatives sur beaux-enfants ou enfants adoptifs. Tous ces cas relèvent d'un désir identique de mettre fin à la vie de l'enfant.

Section 3. Autres homicides

Commençons par dire quelques mots de l'homicide du ou de la rivale. Le passage à l'acte sur cette victime constitue un grand classique dans les représentations de la femme criminelle. La passion amoureuse, la jalousie seraient toujours une affaire de femmes. Le fameux crime « passionnel » pourrait en effet avoir comme victime celui ou celle qui cause la rupture refusée par l'auteur. Dans notre échantillon, sur 302 homicides et 350 victimes, on ne trouve que seize individus qu'il était possible de classer dans cette catégorie. Autrement dit, cela représente au maximum 5% des meurtres. Ces chiffres peuvent encore être

Homicides

minorés : nous avons entendu « rival » dans un sens très large. Les individus y ont été classés par leur statut, qu'il soit réel ou imaginaire, et non par les motivations de la condamnée. En effet, sur les seize cas, seuls onze ont la jalousie comme mobile unique ou partiel, et dix été commis par la femme seule. Dans les cas restants, il s'agit d'une infraction dont la condamnée n'était pas l'instigatrice mais la complice, celle de son compagnon. Motivée par la vengeance, colère nourrie par des conflits financiers ou parentaux, voire par une blessure d'orgueil, l'expédition punitive s'explique par le mobile du coauteur, non de la femme. Les meurtres « passionnels » commis sur une rivale sont un mythe, solidement ancré dans l'imaginaire collectif, mais anecdotiques dans la réalité. Dans une telle situation, la femme aura tendance à retourner sa violence contre elle-même ou ses enfants, pas sur une tierce personne.

On retrouve la même proportion de victimes appartenant à la famille de l'accusée, principalement ses ascendants. Il s'agit de cas très particuliers, la condamnée entretenant une relation conflictuelle mais fusionnelle avec sa victime.

En revanche, l'importance numérique des catégories « relation » et « inconnu », qui représentent une victime sur cinq, mérite quelques précisions. Les infractions commises sur des inconnus sont en général commises à plusieurs. Les homicides de la catégorie « relation » peuvent en revanche être le fait de la femme seule. Dans ce cas on peut noter que l'auteur et la victime ont souvent un passé commun conflictuel, il s'agit par exemple d'actes de vengeance contre un voisin, un ancien employeur. Parmi ces meurtres commis sur des victimes non proches se trouvent 60,4% des condamnations pour complicité en matière d'homicide. En ce cas la femme concernée n'a qu'un rôle d'auxiliaire. Elle va ainsi participer au meurtre du compagnon d'une amie, prêter main-forte à un règlement de comptes, etc. Elle n'a pas nécessairement de lien direct avec la victime, mais en a toujours avec au moins un des coauteurs. D'autres sont des condamnations pour plusieurs chefs d'accusation. Le mobile n'est alors pas la mort de la victime, celui-ci étant une suite de l'infraction première. Majoritairement cela concerne des vols, dans vingt-trois affaires, mais aussi quelques affaires de viols. Il s'agit cependant bien d'un homicide volontaire.

Il a pour but de garantir l'impunité de l'auteur pour l'infraction commise en premier, ou bien encore il résulte d'une montée de violence à la suite de celle-ci. Ces homicides, commis en dehors du cercle intime, peuvent avoir parfois un nombre important de victimes.

Le lien entre auteur et victime était déterminant quant à la perception médiatique de la gravité des faits, il en est de même en ce qui concerne les peines. Sur l'ensemble de l'étude, la peine moyenne est de 11,3 ans, elle est de 12,8 ans pour les seuls homicides.

Lorsque la victime est le compagnon de la condamnée, la réclusion est prononcée dans trois cas sur cinq et les longues peines, supérieures à seize années, constituent un tiers de l'ensemble. La sévérité des condamnations pour les homicides conjugaux n'est pas récente. On la constate déjà au Moyen-Age : « Il en est de même de la meurtrière de son mari. La dureté des sanctions vient ainsi brouiller l'idée que la clémence l'emporte toujours »[223].

En revanche, l'un des lieux communs, toujours véhiculé lorsqu'il est question des crimes commis par des femmes, est d'affirmer que les infractions qu'elles commettent contre les enfants sont les plus durement punies. Ce topique nous semble devoir être sérieusement nuancé. Il s'agit d'un type d'homicide où la préméditation est rarement retenue, moins de 20% des affaires, alors qu'elle est majoritaire dans les faits. Comme au temps des « acquittements scandaleux », les meurtres d'enfants aboutissent en réalité plutôt à des verdicts cléments puisque la proportion de peines de réclusion n'est que d'une sur trois. Les homicides les moins sévèrement punis sont ceux commis sur des victimes handicapées, avec uniquement des peines inférieures à six années d'emprisonnement et assorties de sursis. Les infanticides sont également peu sanctionnés, avec du sursis une fois sur deux. La peine moyenne pour un infanticide est de 6,9 ans. A titre de comparaison, celle des homicides commis sur le compagnon est de 14,1 ans, soit plus du double.

---

[223] GAUVARD (C.) in BARD (C.), CHAUVAUD (F.), PERROT (M.), PETIT (G.), préc., p. 126.

Concernant les autres meurtres d'enfant, les peines sont plus contrastées. On constate ici une distinction intéressante en fonction de l'âge de la victime. Plus les enfants sont jeunes, plus l'indulgence envers la mère est grande. Le point de rupture semble se situer aux alentours de deux ou trois ans. En-dessous l'image et la peine se rapprochent de celles des néonaticides. Au-delà on s'aperçoit au contraire qu'être la mère de la victime est devenu un facteur aggravant de l'infraction. Il semblerait, d'après notre lecture de ces affaires, qu'on reconnaisse alors à l'enfant une identité propre, une vie en-dehors de sa mère. Cela correspond à l'âge auquel il commence à se socialiser, il peut entrer en maternelle, il parle, marche, a des goûts et des intérêts qui se développent, des traits de caractère particulier. En somme, il est devenu une personne. A partir de ce moment-là la femme a non seulement tué un autre individu mais pire il s'agit de son enfant, celui qu'elle était chargée de protéger. Cette filiation qui jouait en sa faveur jusque-là se retourne alors contre la mère, devenue dans l'imaginaire populaire une « ogresse ».

L'immense mansuétude témoignée envers la plupart des meurtres d'enfant nécessiterait toutefois une réflexion sur le message qu'envoient de tels verdicts. Elle alimente le sentiment collectif que la mère aurait un droit dérogatoire sur la vie de son enfant, tout en évitant d'affronter les vraies questions de prévention. Ne pas condamner certaines de ces femmes, ou les condamner trop légèrement, c'est aussi prendre le risque de renforcer le déni de leur responsabilité dans le crime. L'une d'elles a ainsi expliqué à son entourage, à peine sortie de la salle d'audience, que le jugement rendu était la preuve qu'elle n'était pas coupable, parce que la condamnation était très légère, trop pour un « vrai meurtre »…

Chapitre 2. Violences

Bien que leur gravité pénale soit inférieure à celle des homicides, les actes de violence paraissent bien moins compatibles avec ce que l'on persiste à appeler la « nature féminine ». Confrontés à cet idéal de douceur, ils deviennent insupportables. Ils sont pourtant l'autre grand contingent des crimes féminins, représentant 45% des infractions.

Les femmes condamnées à ce titre sont nettement plus fragilisées que les meurtrières. Chez plus de la moitié d'entre elles une déficience intellectuelle a été signalée par les experts. Un quart de ces criminelles ont été victimes durant l'enfance de violences physiques, la même proportion pour les violences sexuelles, idem encore pour les violences conjugales. L'alcoolisme, de la condamnée, de son compagnon et de ses parents, est très fréquent dans cette population, mais la toxicomanie presque absente du profil. Avec plus du tiers des personnes concernées, « sans profession » est la première catégorie socioprofessionnelle chez ces femmes, qui n'ont donc jamais occupé d'emploi de leur vie.

Condamnées à titre d'auteur dans une proportion écrasante, à peine 45% d'entre elles agissent seules. Dans les infractions violentes, il y a en moyenne deux auteurs, dont la femme, il s'agit donc d'un passage à l'acte différent. Si la proportion de compagnons parmi eux est dans la moyenne, un tiers des coauteurs n'ont pas de lien direct avec elle. Sa violence s'exerce dans plus de la moitié des cas sur un enfant, et le nombre de victimes de sexe féminin est légèrement supérieur. On peut enfin signaler comme caractéristique de ces infractions le déclenchement de la procédure judiciaire faisant suite à un signalement ou à une plainte de la victime, qui représentent deux tiers des affaires.

Les crimes féminins sans volonté homicide incluent un nombre important d'infractions. Il a été choisi de les répartir en trois ensembles, dont le premier est celui des maltraitances sur mineur, infractions classiquement associées aux femmes. Une seconde section est consacrée à un type particulier de maltraitances, les infractions sexuelles, et la dernière aux actes de violence plus atypiques.

Section 1. Maltraitances sur mineur

§ 1. Généralités

Un ensemble particulier de « violences ayant entraîné une infirmité permanente sur mineur de 15 ans par ascendant » doit être signalé. Dans un cas sur sept cette qualification s'applique à des faits d'excision, condamnations prononcées entre 1996 et 2004 et seules procédures de la catégorie engagées sur plainte de la victime. Par maltraitances, sont autrement associées ici les violences physiques et les négligences sur mineur, ayant entraîné sa mort ou son infirmité permanente. 60,9% des femmes reconnaissent les faits, les autres en accusent leur compagnon. Elles sont jeunes, la catégorie des « moins de 26 ans » arrive ici en tête, avec une moyenne de 30,2 ans.

Les propres enfants de l'auteur représentent 79% du nombre total de victimes. Dans deux cas sur cinq il s'agit du premier enfant de l'auteur et les filles sont plus souvent concernées. L'âge de la victime est très jeune, dix-sept mois en moyenne, 60% des enfants maltraités avaient moins d'un an au début des faits et 44% moins de six mois. Lorsque la femme a plusieurs enfants, en règle générale un seul est victimisé. Les maltraitances peuvent ainsi tout à fait être dirigées, dès sa naissance, sur son second enfant sans que son comportement envers l'aîné ne change. Dans les cas où elles perdurent plusieurs années, elle pourra tout aussi bien avoir par la suite d'autres enfants qu'elle ne maltraitera pas.

73% des violences actives ont entraîné la mort de l'enfant. Trois fois sur cinq il s'agit de faits uniques, dont 30% de « bébés secoués ». Lorsque ce sont des mauvais traitements habituels, ils se sont étendus en moyenne sur une période de six mois avant d'être découverts. Dans les trois quarts des cas, cela s'est produit suite à l'intervention d'un tiers. Ces dénonciations sont fréquemment faites par les médecins, suite à une hospitalisation, et les enseignants. Les négligences ont toutes entraîné la mort de la victime. Lorsqu'il s'agit de privations, elles se répartissent équitablement entre le manque de soins et celui de nourriture[224]. Les délaissements[225], qui constituent un tiers des négligences, sont atypiques. En effet dans notre travail il s'agit exclusivement de disqualifications de poursuites pour meurtre sur mineur, affaires de néonaticides.

L'enquête nationale menée sous la direction du Dr Tursz[226] a été réalisée sur 95 situations de décès suspects de nourrissons de moins d'un an. Elle a en premier lieu mis en exergue le fait que le nombre de morts dues à des maltraitances était largement sous-évalué. Ainsi, entre 5 et 9% de ces décès ont été classés comme ayant eu une « cause inconnue » et un certain nombre d'autres morts ont été dites accidentelles, conclusions remises en question par l'étude. Hélène Romano parle ainsi d'une « probable sous-déclaration des homicides et de confusions entre morts violentes accidentelles et intentionnelles avant un an »[227]. Presque la moitié des décès analysés s'apparenteraient à des violences sans intention homicide ou à des négligences. Cette sous-évaluation du problème serait la conséquence d'une très faible tendance à la suspicion de maltraitance en France. Les décès des très jeunes enfants, hors cas graves de maltraitance, seraient rarement questionnés. Selon la même recherche, la moitié des morts suspectes auraient lieu dans les trois mois suivant la naissance, et concerneraient principalement des garçons.

Hélène Romano écrit ensuite que toutes les catégories socio-économiques sont représentées avec même des parents majoritairement dotés d'un bagage intellectuel de haut niveau. Dans notre échantillon il y a également une diversité de statuts professionnels et on remarque qu'une femme sur deux est classée dans la catégorie « employé », contre une femme sur trois pour l'ensemble des personnes étudiées. Les deux tiers ont au moins le niveau V du barème de l'Éducation Nationale et une sur six le niveau baccalauréat. En comparaison avec les autres condamnées, les auteurs de

---

[224] 45% des nourrissons de cette catégorie sont littéralement morts de faim.
[225] Art 227-2 du C. Pén.
[226] ROMANO (H.), préc.
[227] Ibid., p. 18.

violences sur mineur sont effectivement un peu mieux insérées, bien qu'on soit encore très loin des « bagages intellectuels de haut niveau » évoqués. On peut envisager qu'en ce domaine, comme en beaucoup d'autres, il existe une discrimination dans la judiciarisation des actes. Les résultats obtenus par Hélène Romano le sont en effet sur des cas qui n'ont précisément pas été communiqués à la justice. Il est possible de penser que les parents possédant les ressources intellectuelles nécessaires provoquent moins la suspicion que les autres.

§ 2. Causes du passage à l'acte sur un nourrisson

La cible précise des maltraitances féminines est le très jeune enfant. Ces actes sont majoritairement commis par la femme seule, sept cas sur dix. Il s'agit en effet d'un problème entre elle et son enfant. Lorsqu'elle a un compagnon, celui-ci n'est qu'exceptionnellement poursuivi comme participant actif[228].

Les violences physiques résultent d'interactions complexes entre plusieurs éléments, qui n'ont pas nécessairement _ contrairement à ce qui a été évoqué pour les infanticides_ vocation à se répéter. « On présuppose souvent le fait que l'instinct maternel, d'une part, est inné, d'autre part, qu'il est fondamentalement protecteur et bienveillant. [...] Les choses sont en réalité plus complexes que cela. [...] L'instinct maternel s'élabore »[229]. Le déroulement de la grossesse, puis de l'accouchement ; les relations avec le père de l'enfant et le reste de son entourage ; l'état de santé physique et nerveux de la mère tout comme celui du nourrisson ; la situation professionnelle et financière ; voilà autant d'éléments qui singularisent les rapports de la mère avec chacun de ses enfants, liste encore non exhaustive.

Il arrive que l'enfant n'ait été ni désiré ni investi, il est rare qu'une telle situation perdure jusqu'à l'accouchement et au-delà, mais cela peut se produire. Même si cela se raréfie aujourd'hui, on trouve parfois encore des cas « d'abandon raté », ceux où la femme a fait le choix personnel d'abandonner l'enfant à sa nais-

---

[228] Il est par contre souvent associé à la procédure criminelle au titre du délit de non-assistance à personne en danger.

[229] Paul Bensussan, psychiatre.

sance mais en a été découragée. A une époque où l'accouchement sous X était plus répandu, il n'était pas rare qu'une femme subisse des pressions, parfois par ceux-là même à qui elle s'adressait (membres des services sociaux ou hospitaliers, congrégations religieuses...) et finisse par céder. Un changement pendant la gros-grossesse, intervenu dans la vie de la femme peut avoir les mêmes effets. L'exemple le plus courant est celui de la femme ayant désiré et préparé l'arrivée de cet enfant, imaginant un avenir radieux, mais qui a été entre-temps abandonnée par le père. Il arrive alors qu'elle rende le nouveau-né responsable de l'effondrement de ses projets, ou tout simplement qu'il ait perdu sa place dans les rêves de la mère.

La naissance est un moment crucial où se détermine pour une bonne part la relation de la mère et de l'enfant. Les prématurés représenteraient à cause de cela un quart des enfants maltraités. La grossesse ne s'est pas achevée au moment prévu, les premiers moments de vie sont marqués par l'angoisse, la culpabilité et un sentiment d'échec. Un blocage peut alors se faire sur cet enfant, la mère instaurant une distance émotionnelle pour se protéger au cas où l'issue serait tragique. Les prématurés sont aussitôt après la naissance pris en charge médicalement, donc mis à l'écart. Les mères qui récupèrent leur enfant bien après l'accouchement, après leur propre sortie, n'ont pas pu créer avec eux le même lien naturel que lors d'une naissance facile.

Une dépression post-natale rend la mère incapable de s'occuper convenablement de son enfant. Cet état médical_ il s'agit d'une dépression avant tout_ commence, généralement, entre les deux mois et les deux ans de l'enfant et est encore mal pris en charge aujourd'hui. Dans les cas extrêmes, la situation évolue de la négligence vers la violence. Plus la mère s'enfonce dans la dépression, plus elle culpabilise et moins elle est capable de s'occuper de l'enfant, cela s'aggrave de jour en jour. Le bébé peut alors finir par devenir l'objet de sa colère, puisque c'est lui qui, par sa simple existence, symbolise son échec à se reprendre en main. C'est lui qui sans arrêt sollicite d'elle une attention qu'elle est incapable de lui accorder, ce qui la dévalorise encore plus à ses propres yeux. Les violences exercées dans le but de faire cesser les pleurs de l'enfant sont typiques de cet engrenage, la mère dépassée cherchant paradoxalement à retrouver le calme nécessaire pour s'occuper de son bébé. Des maltraitances de ce type peuvent d'ailleurs se produire sans qu'il s'agisse d'un état caractérisé de dépression. D'un côté une mère sans aide, débordée, en manque de sommeil, de l'autre un enfant qui réclame toute son attention, pleurant ou criant sans cesse, une telle situation peut très rapidement aboutir au fameux « syndrome du bébé secoué ».

La maternité elle-même a parfois été idéalisée par la femme. A cause du manque de repères familiaux dont elle souffre, elle a excessivement embelli la situation et imaginé un futur parfait pour elle et l'enfant. La réalité peut alors de la décevoir si elle n'avait pas prévu l'attention et les difficultés que peuvent représenter les soins d'un nourrisson. On retrouve généralement ce scénario chez la jeune mère dont c'est le premier enfant. Elle peut avoir beaucoup investi celui-ci mais surestimé ces capacités. Elle éprouve alors un sentiment de honte et de frustration qui l'empêche de demander de l'aide et qu'elle retourne contre le bébé. Il y aura a fortiori un risque si l'enfant naît handicapé, nécessitant une prise en charge beaucoup plus lourde, et différente de celle prévue pour son « bébé idéal ». De la même manière, les grossesses multiples nécessitent une organisation sans laquelle le quotidien devient vite extrêmement lourd à supporter. Les séjours en maternité se raccourcissant du fait des améliorations médicales, , ce n'est qu'une fois rentrée chez elle que la nouvelle mère découvre réellement l'ampleur des tâches à assumer.

Le trait de personnalité marquant de ces criminelles, autant violentes que négligentes, est une très grande immaturité. Elles éprouvent des difficultés à considérer l'enfant comme un bébé et non « un adulte en miniature » et perdent vite patience[230]. Il ne s'agit que rarement de perversité dans ces violences sur enfants, plutôt d'incapacité à se maîtriser. Cela ne s'applique néanmoins qu'aux enfants naturels de l'accusée. Dans un cas sur six en effet la victime est un mineur[231] placé sous son autorité, rarement un nourrisson. Cet enfant-là n'est pas lié à son propre corps et les

---

[230] ROMANO (H.), préc.

[231] On parle ici des enfants adoptés, beaux-enfants, neveux, petits-enfants, enfants gardés, etc.

violences qu'elle lui inflige sont des actes de cruauté, parfois de torture même s'ils n'ont pas été pénalement qualifiés ainsi. Elle ne lui est pas attachée et ne le voit que comme une victime facile, du fait de son âge. Plusieurs enfants adoptés sont concernés, alors que l'on aurait pourtant pu penser qu'ils étaient plus en sécurité que les autres. On retrouve souvent ici comme moteur du passage à l'acte la déception, par rapport à l'image qu'elle avait de « l'enfant idéal ».

§ 3. Prévention et violence maternelle

L'étude amène un premier constat : ces mères violentes sont rarement des monstres, en revanche la solitude dans laquelle elles se trouvent est remarquable. Malgré les difficultés qu'elles ont à assumer leur rôle de mère, et même déjà leur grossesse, personne ne s'interpose avant qu'il ne soit trop tard.

Cette toute-puissance que l'on reconnaît à la mère sur son enfant n'est pas saine : elle a en contrepartie l'idée que la maternité est nécessairement un plaisir, nécessairement facile pour la femme. Il est indispensable de dépasser cet angélisme : le vécu maternel peut être une cause de la violence mais être mère ne peut tenir lieu d'excuse et justifier des passages à l'acte criminels.

Cela cause en réalité beaucoup de tort à ces femmes, amplifiant leur sentiment d'échec, à l'origine d'un nombre non négligeable des maltraitances. Une telle image collective rend difficile toute démarche volontaire : une mère peut ne pas aimer son enfant, pour diverses raisons, mais cela est indicible. Idéologiquement, il faudrait donc commencer par cesser de sacraliser la maternité. Cela permettrait entre autres de dédramatiser l'immixtion des services sociaux, souvent perçue comme une remise en cause violente de la mère. Il n'y a qu'à voir ce que le terme « DDASS[232] », impropre depuis une trentaine d'années[233] mais toujours utilisé, charrie comme images négatives dans l'opinion publique. Certes un placement, en foyer ou en famille d'accueil, mesure décidée en dernier recours, a des conséquences graves

---

[232] Direction départementale des affaires sanitaires et sociales.

[233] Cette compétence de l'Etat (DDASS) a alors été transférée vers le département (ASE).

pour l'enfant, il est même fréquent que les séquelles en soient perceptibles à l'âge adulte. L'intérêt immédiat de l'enfant, et parfois également de la mère, peut toutefois le nécessiter. D'un autre côté, lorsqu'un travail sur les dysfonctionnements familiaux est possible, que la mère est demandeuse, encore faudrait-il le mettre en place à une fréquence et dans des conditions suffisantes, sinon comment cela pourrait-il constituer une alternative valable ? La question des moyens se pose effectivement lorsque, faute de travailleurs sociaux, une famille suivie n'est rencontrée que tous les deux ou trois mois. Il est assez difficile d'être réactif dans cette configuration, comme plusieurs affaires de l'échantillon l'illustrent.

Tout ceci confirme qu'une grande marge de manœuvre existe en amont, pour peu que le suivi des mères du début de la grossesse aux premiers mois de l'enfant soit amélioré. Un vrai besoin existe et la recherche comme la prise en charge médicale de ce que l'on nomme à présent la « difficulté maternelle » se développent. Il y a deux ans un numéro vert _ « Allô parents bébé »_ a par exemple été mis en place par l'association Enfance et Partage, avec le soutien du Ministère de la santé. Leur bilan au bout de deux ans se chiffre à 10 000 appels, dont presque la totalité provient de jeunes mères fragilisées, angoissées. Dans la moitié des cas, il s'agit de leur premier enfant et celui-ci a moins de trois mois. 20% sont de véritables « appels de détresse »[234] de parents dépassés. La peur et la honte d'avouer les difficultés rencontrées peuvent ici être surmontées grâce à l'anonymat. Les structures associatives sont particulièrement adaptées aux mesures de prévention, telles que des groupes de parole pour les mères et futures mères, des crèches associatives de quartier, des lieux d'information sur tous les aspects de la maternité[235], etc. Un grand nombre d'actions de prévention a déjà été expérimenté dans d'autres pays dont plusieurs pourraient être avec profit être mises en place chez nous. Les initiatives existent aussi en France mais leur généralisation est indispensable pour banaliser la démarche. Des actions de politiques publiques devraient être réalisées ou étendues, comme

---

[234] www.alloparentsbebe.org.

[235] Notamment sur l'allaitement, question qui cristallise une grande partie des interrogations et doutes des jeunes mères.

proposer, à toutes, une aide ménagère gratuite[236] dans les premiers temps du retour à la maison.

Les difficultés psychologiques des futures mères devraient être mieux dépistées et un soutien leur être apporté déjà durant la grossesse. Son déroulement a en effet une importance capitale pour la construction de la relation mère-enfant. Sophie Marinopoulos soutient aussi cette position[237] : « Je milite fermement pour la prise en charge du psychisme des femmes au cours de la grossesse. Nos maternités s'occupent efficacement mais uniquement de l'aspect physiologique. Or, ces femmes ont également besoin d'un important soutien psychologique ». Il faudrait tout autant prêter attention au moment de la naissance lui-même, les conditions dans lesquelles elle a lieu. Puis donner la possibilité à la mère, l'y inciter même, de passer le maximum de temps avec son enfant[238], en encourageant les contacts physiques entre eux.

La diffusion des informations sur les organismes, administratifs comme associatifs, auprès desquels la mère peut demander de l'aide est insuffisante dans certains endroits. Dans les maternités pourrait être par exemple remis à la jeune mère un dossier récapitulant, de manière exhaustive, tous les soutiens qu'elle peut obtenir dans sa région[239], et des présentations effectuées par les intervenants eux-mêmes. L'entourage, lorsqu'il s'y intéresse, n'est pas forcément à même de lui apporter des réponses[240] alors qu'il existe plusieurs organisations qui peuvent aider une mère en difficulté. Certes l'ASE et les autres services départementaux ont également cette mission. Le problème est qu'ils sont centrés sur

---

[236] A l'heure actuelle, sur demande de la mère et sous conditions de ressource, la CAF peut accepter de prendre en charge le coût, ou du moins une partie, d'une aide ménagère.

[237] MARINOPOULOS (S.), *Solitude des futures mères*, préc.

[238] Sur le modèle des « unités-kangourous » mises en place pour les prématurés.

[239] Par exemple les REEAP, qui organisent des groupes de parole entre parents, ou les programmes de la CAF, d'activités pour les enfants.

[240] Quelle que soit sa bonne volonté, le compagnon ne va pas toujours savoir comment réagir devant un baby blues qu'il ne comprend pas.

l'enfant[241] et, il ne faut pas l'oublier, ont la possibilité et le devoir de le retirer à sa famille s'ils l'estiment nécessaire. Qu'une femme les contacte pour avouer qu'elle n'assume pas son rôle de mère est donc une démarche très difficile et risquée, trop pour s'en contenter. Si elle est désorientée, angoissée, en détresse, elle n'aura pas forcément le réflexe de se renseigner sur les autres aides possibles. Il faut qu'elle sache spontanément vers qui se tourner, ce qu'elle fera d'autant plus vite qu'elle aura des informations précises sur son interlocuteur. Le suivi des mères est rapidement améliorable, la plupart des actions n'étant pas compliquées à mettre en place ou à perfectionner.

Section 2. Infractions sexuelles

La question des violences sexuelles est apparue comme particulièrement intéressante, raison pour laquelle nous avons décidé de la détacher des autres formes de maltraitance. On considère, à juste titre, que la littérature scientifique sur les femmes criminelles est marginale. En ce qui concerne les crimes sexuels, le constat va bien au-delà : les femmes violeuses n'existent pas. C'est en tout cas ce que l'on pourrait croire face à l'absence presque totale de recherches sur le sujet.

§ 1. Le tabou versus les chiffres.

Le blocage a concerné l'ensemble de la délinquance sexuelle et ce n'est que depuis peu que ces comportements sont révélés. Cela a débuté par le viol, à la fin des années 60, avec une acceptation progressive de la réalité de ce crime. Avant cela, rares étaient les femmes qui osaient déposer plainte, encore plus rares celles qui obtenaient gain de cause[242]. L'inceste a ensuite commencé à être

---

[241] La PMI (Protection maternelle et infantile) aide ainsi la mère à prendre soin de l'enfant sur le plan matériel, mais n'a pas pour vocation de se préoccuper de l'état psychologique de la personne.

[242] La jurisprudence ancienne était très restrictive dans son interprétation de l'absence de consentement. Les arrêts se sont ainsi longtemps référés aux critères proposés par Muyard de Vauglans en 1780 : une résistance constante et toujours égale de la part de la personne violée ; une inégalité évidente des forces de la victime comparées avec celles du prétendu violeur ; qu'elle ait poussé des cris ; qu'il soit resté sur elle des traces de la violence qui lui aurait été faite.

reconnu dans les années 80-90 : « Il a fallu très longtemps pour que la justice pénètre à l'intérieur des familles. Il n'y a probablement pas plus d'incestes aujourd'hui qu'avant mais maintenant on en parle.[243] ». Plus proche de nous encore, la pédophilie. Il ne faut pas oublier que si aujourd'hui on l'utilise volontiers comme alibi de réformes procédurales répressives, cela est très récent. Dans les années 70, un certain nombre d'auteurs ont écrit pour exalter les relations sexuelles avec des enfants et l'indulgence, voire la complaisance, était une réaction sociale fréquente. Ce n'est que suite à l'affaire Dutroux que ces comportements ont vraiment été considérés comme une réalité relevant du champ criminologique. A présent ce sont les femmes auteurs de violences sexuelles qui acquièrent une visibilité mais le blocage psychologique est très fort.

Les textes restent inadaptés et peu de faits peuvent être qualifiés de viols lorsque la femme en est auteur. La loi du 23 décembre 1980 a marqué un tournant juridique puisque jusque là le viol était défini uniquement comme étant celui d'un homme sur une femme. Encore faut-il comprendre cette évolution non pas dans l'idée d'une femme auteur mais comme celle d'un homme victime d'un autre homme. Avec le nouveau code pénal (1994), le viol est devenu, comme les autres, une infraction totalement neutre en genre. Elle est définie comme tout acte de pénétration commis par violence, menace, contrainte ou surprise[244]. Il reste très difficile, malgré cette nouvelle rédaction, de condamner une femme pour viol. Il s'agit d'ailleurs du seul crime pour lequel le nombre de femmes qui nient les faits est supérieur à celui de celles qui les reconnaissent. Des problèmes communs à toutes les infractions sexuelles se retrouvent, comme l'absence de témoins ou de preuves matérielles, très rares lorsque l'auteur est féminin. L'obstacle principal à cette qualification est surtout la jurisprudence constante et très ferme de la chambre criminelle de la Cour de cassation, qui fait comme elle le doit une interprétation stricte du texte. Il n'y a viol que lorsque c'est la victime qui subit la pénétration[245]. Ainsi, une femme qui impose un rapport sexuel à un

---

[243] Extrait de l'entretien mené avec le Dr Daniel Zagury.
[244] Art 222-23 C. pén.
[245] V. Cass. crim, 21 octobre 1998, Cass. crim, 22 août 2001.

enfant ne peut qu'exceptionnellement être poursuivie en tant que violeuse.

Généralement, ceux qui nient la réalité du phénomène s'appuient précisément sur le faible rapport des femmes dans la criminalité sexuelle. Comme pour les autres comportements évoqués, il ne faut pas se méprendre sur ce qu'indiquent ces chiffres, le viol n'est ainsi pas apparu brutalement dans les années 70. On ne peut se rendre compte de l'importance d'une transgression que lorsque celle-ci est criminalisée, par les textes mais également dans la pratique pénale. Le fait qu'il y ait peu de femmes sur l'ensemble des criminels sexuels devrait donc être interprété prudemment : changeons le texte, le nombre de condamnations changera aussi. Cette sous-pénalisation est confirmée par Xavier Lameyre, magistrat et chercheur : « En matière d'abus sexuels sur les mineurs, les auteurs, hommes et femmes, ne sont pas à égalité devant la sanction pénale. La judiciarisation de ces affaires [*il parle des femmes*] est moindre. Les classements sans suite s'accumulent. Les victimes sont moins souvent crues. Entre la mise en examen et la juridiction de jugement, les accusations sont souvent minimisées »[246]. Les femmes sont en effet poursuivies couramment pour atteintes sexuelles, ce qui correctionnalise leur acte. On peut à ce propos signaler que ce contentieux est une part importante des incarcérations délictuelles en centres de détention, au même niveau que les infractions à la législation sur les stupéfiants et la délinquance acquisitive.

Anne Poiret décrit au début de son ouvrage les rejets que son enquête a provoqués, ce refus obstiné et généralisé d'admettre l'existence d'une délinquance sexuelle féminine. Elle s'est heurtée à des réticences, de l'incrédulité voire même de l'agressivité. Ce qui est particulièrement inquiétant est que ceux-là même qui lui ont déclaré qu'elle voulait écrire sur un « non-sujet » sont précisément des acteurs de terrain : policiers, magistrats, avocats, médecins et même un expert de la question des agressions sexuelles[247]... Les conséquences de ce refus sont très lourdes pour

---

[246] In POIRET (A.), *L'ultime tabou, Femmes pédophiles, femmes incestueuses*, B. K. Éditions, 2008, p. 105.

[247] Ibid., p. 21.

les victimes. Parmi les cas rencontrés, une part non négligeable des familles était surveillée : AEMO[248], placement des enfants et autres mesures de protection. Se rendre compte qu'un enfant est victime de violences sexuelles n'est pas évident, surtout lorsque les moyens manquent et que les rencontres sont peu fréquentes. Lorsqu'il s'agit d'une femme, qu'il n'y a aucun homme soupçonné en même temps, cela devient impossible. La majorité des intervenants, dont les travailleurs sociaux, gardent une attitude de principe bienveillante envers les mères.

Il est très difficile pour une victime d'admettre ce qu'elle a subi, encore davantage lorsque l'auteur est une femme. Cette criminalité sexuelle est en effet plus ambiguë, la proximité physique mère-enfant étant naturelle, et les limites plus difficiles à repérer que lorsque l'agresseur est un homme[249]. Si dans les pays anglo-saxons, les dénonciations de femmes « abuseuses » se multiplient ces dernières années, en France les procès de femmes seules restent rares et peu relayés par les médias. Cela contribue à garder sous silence cette réalité. Le déclenchement d'une procédure criminelle pour viol est nettement plus fréquent, et facile pour la victime, lorsqu'un homme est également poursuivi. Si l'un des accusés est masculin alors les faits peuvent être conçus, dans le cas inverse cela est presque impossible : « Là, on rentre dans l'immonde ! Quand la mère est active, ou même lorsqu'elle fait preuve d'une passivité complice, c'est un autre monde. Il n'y a pas de mots, il n'y a plus de mots ! »[250].

Cela reste toujours aussi choquant pour ceux qui se résignent à admettre cette réalité. Certains professionnels, qui étaient auparavant dans le déni, reconnaissent ainsi réagir encore violemment lorsque la femme est accusée : « On essaie d'être le plus objectif possible, mais, pour tout le monde, c'est insupportable ! Avant ça

---

[248] Assistance éducative en milieu ouvert.

[249] « Reconnaître que l'on a été abusé par sa mère est du domaine de l'indicible » explique Mme Balkani, Présidente de la chambre de la famille et des mineurs à la Cour d'appel de Rouen, in CEDILE (G.), *La pédophilie, les leçons du procès d'Outreau*, Ed. Eska, 2005.

[250] POIRET (A.), préc., p. 32.

c'était des mamans ! »[251]. Pour autant les procédures pénales en matière de crimes sexuels[252] sont initiées dans la moitié des cas par des signalements, dont la majeure partie émane de l'Aide sociale à l'enfance. Les autres sont lancées par une plainte de la victime, cas de figure devenu fréquent depuis l'allongement du délai de prescription de l'infraction[253]. Il n'y a aucune procédure déclenchée par la femme elle-même, ce qui aurait pourtant pu se produire lorsqu'elle n'est que complice de l'infraction.

Jusqu'à la période récente, la seule image de la déviante sexuelle qui existait était celle de « l'initiatrice », femme plus âgée faisant découvrir la sexualité à un adolescent. Non seulement elle excluait toute idée de violence ou de contrainte, mais était en plus valorisante pour le garçon concerné. « La figure de l'agresseur sexuel, c'est celle de l'homme qui porte le pénis »[254]. En effet, le viol par une femme est inconcevable dans la conscience collective, pour cause de manque d'attributs anatomiques. Pourtant comme l'affirme avec raison le Dr Zagury : « C'est très misogyne de penser que les femmes ne peuvent pas agir par des transgressions sexuelles, parce que ça voudrait dire qu'elles n'ont pas de sexualité autre que passive, qu'elles n'ont pas de sexualité. Si la femme a une sexualité, il y a nécessairement des transgressions ». Cette difficulté à accepter la sexualité féminine comme active et indépendante, à y associer les termes de pulsions et, pire, de violence,

---

[251] Ibid.

[252] Viol et proxénétisme.

[253] La loi du 9 mars 2004 a porté à 20 ans après la majorité de la victime la prescription des crimes sexuels sur mineur (art.7 C. pr. pén.), soit jusqu'aux 38 ans de la victime.

[254] Philippe Genuit, psychologue.

reste dominante[255], malgré ce qu'on a pensé être la « libération sexuelle ».

Le déni de cette déviance est extrêmement fort. La concevoir suppose en effet d'admettre qu'une mère peut être avoir des pulsions sexuelles, or la figure maternelle reste idéalisée dans la conscience collective. Juxtaposer cette figure à celle d'une criminelle provoque un rejet très violent. « Ca renvoie à quelque chose de tout à fait insupportable chez la plupart des hommes, et aussi des femmes, ça nous est insupportable parce ça signifie que dans la relation à la mère, dans le nourrissage, dans l'amour maternel, il y a du sexuel. C'est cela qui explique la réticence collective, la réaction sociale autour de ce phénomène.[256] ». « La mère est sacrée. Remettre cela en question est douloureux. [257] ». Il faut donc comprendre le tabou comme étant une double résistance : à penser la sexualité des femmes comme active et à associer conduites agressives au rôle maternel[258].

On parle d'accident de parcours, on explique l'infraction par l'alcool, la misère, ou bien on diabolise l'accusée lorsque rien d'autre n'est possible. Dans tous les cas, le message est le même : cette histoire est un cas unique, avec des causes particulières, qui n'a donc aucune raison de se reproduire. Ceux qui aujourd'hui se voient contraints de reconnaître une existence, ne serait-ce que

---

[255] « Après, il ne faut pas tomber dans la censure : il n'y a pas que des hommes qui regardent le porno. Je pense que beaucoup de femmes se retrouvent dans le schéma traditionnel consistant à accepter cette caricature de la domination masculine. En aurions-nous besoin si cette distribution archaïque des rôles ne satisfaisait pas, d'une certaine manière, notre sexualité ? Cette influence de la pornographie est aussi l'occasion de s'interroger sur le masochisme féminin. Cela reste une importante pulsion sexuelle. », BADINTER (E.), http://www.cafebabel.fr/article/2785/elisabeth-badinter-il-faut-du-temps-pour-faire-un-.html, 22 octobre 2007.

[256] Extrait de l'entretien avec le Dr Daniel Zagury.

[257] Martine Nisse, psychothérapeute au centre des Buttes-Chaumont, in POIRET (A.), préc., p. 33.

[258] TARDIFF (M.), LAMOUREUX (B.), Les femmes responsables d'abus sexuels : Refus d'une certaine réalité, *Forensic- Revue de psychiatrie et de psychologie légale*, n°21, 1999.

marginale[259], à la criminalité sexuelle des femmes, continuent à la présenter sous une forme que l'on peut juger très sexiste. En 1994, qu'il soit écrit dans un livre sur l'inceste : « autant la mère que l'enfant sont l'objet de la manipulation d'un partenaire pervers » ou « la mère reste souvent dans un rôle passif » peut encore se comprendre[260]. Traditionnellement, « le partenaire masculin était identifié comme le véritable abuseur ».[261] Cette vision d'une femme uniquement complice, soit par abstention soit contrainte et forcée par un compagnon manipulateur, persiste pourtant. La femme ne peut pas être naturellement violente. Il faut que quelque chose ou quelqu'un l'y ait forcée, trouver un responsable masculin au passage à l'acte. Il est de toute évidence plus rassurant d'imaginer un violeur qu'une violeuse. Priver cette dernière de tout libre-arbitre dans l'infraction permet d'éviter une trop grande remise en question des certitudes collectives.

Le tabou qui entoure la violence sexuelle féminine explique qu'il y ait encore peu d'études menées en France sur cette question, bien que quelques recherches récentes de praticiens commencent à éclairer le sujet[262]. De même que l'on emploie cet argument pour la criminalité féminine en général, les chiffres officiels ne paraissent pas au premier abord nécessiter de recherches approfondies sur ce thème. En effet, sur 1729 condamnations pour viols[263] en 2007, seules 29 concernaient une femme. Cela représente à peine 1,7% de l'ensemble, chiffre stable sur les dernières années[264].

---

[259] Le Dr Roland Coutanceau parle ainsi d' « épiphénomène » pour la pédophilie féminine, in CEDILE (G.), préc.

[260] CRIVILLE (A.), DESCHAMPS (M.), FERNET (C.) et SITTLER (M.-F.), *L'inceste, comprendre pour intervenir*, Ed. Privat, coll. Enfances/Clinique, 1994, p. 100.

[261] TARDIFF (M.), LAMOUREUX (B.), préc.

[262] V. GENUIT (P.), 2000 ; ALBARDIER (W.), in POIRET (A.) préc. 2008 ; HARRATI (S.), préc. 2005.

[263] Catégorie « viols » de l'Annuaire statistique de la justice : art 222-23 à 222-26 C. pén.

[264] Sur la période 2001-2006, ce chiffre varie entre 1,42% et 2,15% des condamnations.

En revanche si l'on cesse enfin d'étudier les actes des femmes par rapport à ceux des hommes, le rapport change considérablement. Ce chiffre de 29 rapporté au nombre de condamnations criminelles de femmes en 2007, soit 153, on découvre alors que les crimes sexuels représentent 18,9% de l'ensemble. Aujourd'hui, les femmes condamnées pour ce type d'actes (crimes et délits confondus) représentent 4% des détenus agresseurs sexuels[265]. Sachant que le taux de femmes dans la population carcérale est de 3,4%[266], cela signifie que la part de celles incarcérées (en peine ferme) pour ce motif est même légèrement supérieure à la moyenne.

Cette proportion augmente encore si on se limite aux centres de détention. Philippe Genuit, qui travaille au SMPR (Service médico-psychologique régional) de l'établissement, a ainsi constaté : « A la prison des femmes de Rennes, qui est une prison de longues peines, dans les années 1980 il y avait environ 3% de femmes incarcérées pour crimes sexuels sur l'ensemble de la population carcérale. Aujourd'hui ce chiffre se situe autour des 25% »[267]. Dans notre propre étude, ont été recensés 29 actes classés en crimes sexuels sur les 145 dossiers pénaux étudiés, soit 20%, et 63 pour l'échantillon complet, soit 11,4%[268].

Les observations des acteurs civils rejoignent ces premières conclusions. Ainsi, le Service national d'appel téléphonique pour l'enfance maltraitée signale que, depuis 2003, 11% des cas de violences sexuelles qu'il signale à la police ont pour auteur une femme, dont une part importante de femmes seules. Il ajoute que l'évolution est perceptible et qu'il s'attend à ce que ce taux continue d'augmenter. Martine Nisse, quant à elle, déclare que, sur la

---

[265] POIRET (A.), préc.

[266] Au 1er janvier 2009, chiffres de l'Administration pénitentiaire.

[267] GENUIT (P.), préc., p. 406.

[268] Cette différence de proportion peut s'expliquer de deux manières différentes, la réalité étant sans doute à mi-chemin. Ou bien les crimes sexuels des femmes étant lourdement condamnés, ils sont sur-représentés en centres de détention. Ou bien le tabou sur le sujet rendant les procès de ces femmes difficiles à publier, ils sont fortement sous-représentés dans les affaires provenant d'articles de presse.

centaine d'affaires dont elle a connaissance par an, on trouve dans la moitié des cas une femme impliquée, comme auteur ou complice[269]. Les mêmes observations sont perceptibles à l'étranger. Shaun Kelly, Conseillère de la protection de l'enfance en Angleterre, estime que les femmes coupables d'infractions sexuelles représentent environ 10% de l'ensemble[270]. Au Canada, Monique Tardiff, qui travaille à l'Institut Pinel de Montréal, pionnier sur le sujet, indique que si les statistiques officielles le fixe entre 3 et 5%, les enquêtes de victimation indiquent, elles, un taux de femmes auteurs entre 13 et 22%.

Les données évoquées amènent au moins à un constat sans ambiguïté : les femmes criminelles sexuelles existent. Non seulement elles existent mais elles ne sont pas aussi marginales, aussi atypiques qu'on tient à les présenter. Elles sont une part importante de la criminalité féminine, puisque leurs actes se situeraient en réalité, selon les estimations, entre un dixième et un quart de l'ensemble des crimes sexuels commis. Contrairement à ce qui est communément admis, la criminalité sexuelle des femmes semble donc déjà digne d'étude, alors même qu'elle est très sous-estimée. « Les Français sont-il prêts à accepter cette mutation de l'image de la femme, douce et maternelle, en une harpie capable de violer et de vendre des enfants, et les siens propres en particulier ? »[271].

§ 2. Profil des criminelles sexuelles

L'étude dirigée par Philippe Genuit en 2000 a concerné 69 femmes incarcérées à Rennes pour des violences sexuelles. Walter Albardier[272] quant à lui a étudié pour sa thèse le parcours de 14 femmes détenues à la maison d'arrêt de Toulouse où il exerce, Sonia Harrati celui de 13 femmes volontaires incarcérées au CD de Rennes.

---

[269] POIRET (P.) préc.
[270] Ibid., pp. 115-116.
[271] Me Monika Pasquini, avocate de la défense au procès d'Angers, in CEDILE (G.), *La pédophilie, les leçons du procès d'Outreau*, 2005, p. 87.
[272] In POIRET (A.), préc.

Le premier élément commun du profil est l'âge, situé autour de la trentaine pour les deux premiers, 39 ans dans l'échantillon de Sonia Harrati. Nos résultats s'en rapprochent : en moyenne, les femmes condamnées pour ces infractions avaient 30,8 ans au début de l'infraction. Il y a en outre homogénéité en ce domaine puisque la moitié d'entre elles appartiennent au créneau des « 26-35 ans » et les autres se répartissent dans les catégories proches, « moins de 26 ans » et « 36-45 ans ».

Dans les études empiriques anglo-saxonnes, les seules données sur lesquelles existe un consensus sont le profil socio-économique et personnel des condamnées[273] ainsi que leur faible niveau scolaire et professionnel. En ce qui concerne le premier, Philippe Genuit émet l'hypothèse d'une discrimination de classe. Autrement dit, l'appartenance à un milieu social donné ne prédispose pas aux infractions sexuelles mais à être judiciarisé. La proposition est plausible : ce sont les carences psychologiques de l'individu qui expliquent l'infraction, bien plus que les aspects environnementaux. Les recherches françaises aboutissent à des résultats semblables : 11 femmes sur 13 ont un niveau collège et la moitié un emploi pour Sonia Harrati ; de celles de Philippe Genuit et Walter Albardier, ressortent également un niveau scolaire bas et une appartenance à la classe défavorisée ou moyenne. Dans la notre, il s'agit clairement d'une population très peu formée, puisque près de sept femmes sur dix ne dépassent pas le niveau V bis de l'Éducation Nationale[274]. S'agissant de leur intégration professionnelle, deux femmes sur cinq ont été classées dans la catégorie « sans profession », ce qui signifie dans notre nomenclature qu'elles n'ont jamais occupé d'emploi et un tiers dans « indéterminé », n'ayant alors occupé que des emplois de courte durée. Près des trois quarts n'ont donc jamais eu d'emploi stable. Un autre élément remarquable est l'exemple d'intégration, plutôt ici son absence, donné par leur propre mère. Cela concerne encore les trois quarts des cas, contre la moitié pour l'ensemble de l'échantillon.

---

[273] HARRATI (S.), préc.

[274] Équivalant au Certificat de formation générale (CFG), premier diplôme de l'Education Nationale, sanctionnant des connaissances basiques.

Sur le plan personnel, elles présentent un profil plus ordinaire. Pour Sonia Harrati, toutes ont des enfants et 12 des femmes rencontrées sont en couple. Dans le travail de Philippe Genuit la présence presque systématique d'enfants est soulignée, au moins 75% des femmes concernées. Des données semblables apparaissent dans nos travaux, soit huit personnes sur dix en couple et la même proportion de mères. Il faut aussi signaler qu'elles ont plus d'enfants que les autres catégories. La moyenne est de 2,8 par femme et un tiers d'entre elles ont au moins quatre enfants (19% sur l'ensemble).

Il est légitime de s'interroger sur le lien possible entre les violences subies et celles dont elles se rendent coupables. Dans l'étude de Sonia Harrati, la moitié des femmes subissaient ou avaient subi dans le passé des violences physiques, nous obtenons les mêmes résultats. Concernant les violences sexuelles, elle indique que sept femmes sur les 13 qu'elle a rencontrées n'ont jamais été agressées sexuellement. De notre côté, sur les 29 dossiers pénaux de condamnations sexuelles, 12 femmes ont subi de tels actes dans l'enfance, le plus souvent par un membre de leur famille, et deux autres condamnées en ont été victimes à l'âge adulte. Sur ce point aussi les résultats des deux recherches sont donc identiques. La psychologue en tire comme conclusion qu'« il n'y a pas de rapport de cause à effet entre victime d'agressions sexuelles et auteur d'agressions sexuelles [275] ». S'il est vrai que ces résultats sont loin du déterminisme fréquemment évoqué pour ce contentieux, nous considérons pourtant ces chiffres significatifs. Même si cela n'est pas le seul parcours qui mène à la violence sexuelle, ces criminelles sont proportionnellement deux fois plus nombreuses à avoir subi ces mêmes actes que la moyenne des femmes étudiées.

Les violeuses présentent des carences psychologiques marquées. Sonia Harrati constate dans une petite moitié des cas, une rupture avec la famille d'origine pendant l'enfance, généralement concrétisée par un placement par l'ASE, profil qui se retrouve dans nos dossiers. En outre, ces personnes présentent comme point commun des difficultés relationnelles très marquées avec

---

[275] HARRATI (S.), préc., p. 95.

leur propre mère. Le détachement, la froideur affective et l'indifférence de celle-ci ressortent de la plupart des histoires. Une déficience intellectuelle, entendue au sens médical, a été relevée chez plus de la moitié des violeuses contre moins de 7% avec des capacités supérieures à la moyenne. Il s'agit également des femmes dans le profil desquelles l'alcoolisme est le plus présent, qu'il s'agisse de celui de l'auteur, du compagnon ou des parents.

§ 3. Caractéristiques des infractions sexuelles féminines

Concernant le profil des victimes, Philippe Genuit indique qu'il s'agit à 75% des enfants légitimes de la condamnée, principalement des filles. Cette proximité agresseur/agressé est présente dans l'étude de Sonia Harrati qui la considère caractéristique de cette population. Le Dr Zagury, à partir de son expérience, confirme ces conclusions : « D'une manière générale, c'est dans le cercle intime que ça se passe. Ca peut parfois être neveu, nièce, ou des enfants gardés mais elle, la femme, est placée en position éducative ». Ces résultats se retrouvent ici. Seules 6% des victimes ne sont pas placées sous l'autorité de l'auteur et les deux tiers sont les enfants naturels de l'auteur. Une fois sur trois l'infraction a lieu dans le cadre d'une famille recomposée. Parmi les victimes placées sous son autorité, les beaux-enfants et autres membres de la famille ne représentent que trois cas sur dix. Les autres l'étaient à des titres différents : on retrouve ici nourrices et baby-sitters mais aussi employeurs lorsque le viol concerne une adolescente.

Les victimes sont en effet le plus souvent féminines, deux tiers d'entre elles. Cela reste le cas lorsque la condamnée agit seule : le sexe de l'auteur ne remet absolument pas en question la victimation des femmes en matière de viols. Le chiffre moyen est de 2,16 victimes par affaire, il s'agit du plus élevé de toutes les infractions. Lorsque la victime est un mineur[276], son âge au début des faits est en moyenne de 7,3 ans. Il s'agit essentiellement de viols sur enfant, les victimes adolescentes, treize ans et plus, ne représentent qu'un huitième de l'ensemble. Dans 87,3% des cas, le viol n'est

---

[276] Il s'agira toujours ici de mineurs de quinze ans, circonstance aggravante du C. pén., aucune victime des femmes étudiées n'ayant entre 15 et 18 ans.

pas une infraction unique, chiffre qui atteint 95,2% lorsque la victime est mineure. La durée moyenne des violences sexuelles est la plus élevée des infractions continues. Avant que des poursuites pénales ne soient engagées, ou que l'auteur y mette fin d'elle-même, ces crimes se répètent durant une période moyenne de trois ans et sept mois.

Ces résultats s'expliquent par le caractère incestueux de la criminalité sexuelle féminine : elles font de leurs actes une constante du fonctionnement familial et s'attaquent, si l'impunité perdure, à l'ensemble de la fratrie. Il paraît inexact, si on se fie strictement à la définition, de parler de pédophilie ici. Celle-ci désigne l'attirance sexuelle d'un individu envers les enfants, ce que nous n'avons constaté dans aucune des histoires. Ces violeuses ne marquent pas de différence de sexe ou d'âge dans le choix de leurs victimes. La plupart du temps, elles conservent en outre une vie sexuelle active avec un compagnon de leur tranche d'âge.

Le passage à l'acte criminel est souvent la conséquence d'une incapacité à intégrer une identité maternelle[277], selon les conclusions actuelles des recherches effectuées à l'Institut Pinel[278]. « On voit des mères qui ont perdu tout repère entre leur corps et celui de l'enfant comme si la fusion continuait de se perpétrer et que l'acte érotique ne concernait finalement que leur corps à elles »[279]. Il s'agit de femmes qui ont du mal à se situer dans leur rapport avec leur enfant, avec une confusion des rôles évidente et une méconnaissance, autre que théorique, des interdits moraux. L'immaturité affective est relevée presque systématiquement dans les expertises médico-psychologiques. En revanche la perversité, au sens médical du terme, est beaucoup plus rare dans les infractions uniquement sexuelles. Ces crimes ne sont pas nécessairement associés à la violence physique, à la douleur de la

---

[277] Pour le Dr Zagury, « Il n'y a pas un écart d'une génération entre elles et leurs enfants, dans leur esprit. Et elles, elles ne sont pas la mère de leurs enfants identitairement ».

[278] « Les carences rencontrées pendant l'enfance, la violence et l'emprise, empêcheraient l'intériorisation de leur propre fonction maternelle », TARDIFF et al. 2005, in HARRATI (S.), préc.

[279] Dr Claude Aiguevives, in POIRET (A.), préc., p. 63.

victime, elles n'ont pas toujours conscience de blesser leur enfant par leurs actes. Cela explique qu'elles ne ressentent qu'exceptionnellement de la culpabilité.

Le viol, quel que soit le sexe de l'auteur, correspond moins à un acte sexuel qu'à une démonstration de pouvoir. C'est le contrôle exercé sur une autre personne qui est gratifiant pour l'auteur. Ces femmes manquent d'assurance et d'autonomie, ne savent pas toujours où se trouvent les limites. Or un enfant, a fortiori un bébé, est entièrement dépendant de sa mère. Pour la première fois de sa vie, sa place dans un rapport affectif s'inverse, elle domine une autre personne. Pour que l'utilisation de ce pouvoir soit saine, il est nécessaire que la mère ait réussi à admettre ses propres failles. Mais, comme dans les autres infractions commises sur des enfants[280], ce contrôle apparaît, par nature, légitime à l'auteur en raison des droits implicitement reconnus aux mères. Cela explique que les infractions commises par des femmes seules débutent sur de très jeunes enfants, plus souvent sur des filles, le plaisir sexuel n'étant pas une de leurs composantes.

Les chercheurs étrangers sont ici en désaccord. Ainsi si Lewis et Stanley (2000) la présentent comme agissant majoritairement avec un complice, la recherche de MacCarty (1986) affirmait au contraire que la criminelle sexuelle est généralement seule. Si O'Connor (1987) et Matthews (1993) la disent passive dans l'agression, l'étude de Lewis et Stanley soutient le contraire, et celle d'Atkinson (1995) ajoute qu'elle n'agit pas nécessairement sous contrainte[281]. Dans les études françaises, le passage à l'acte à plusieurs est toujours confirmé. Dans celle de Sonia Harrati, sur les 13 femmes, seules trois ont agi totalement seules et Philippe Genuit trouve un résultat de 15% d'auteurs uniques. C'est au contraire la dynamique de couple incestueuse que ce praticien souligne. Nous avons-de notre côté des résultats comparables avec seulement 17,5% de femmes seules. La moyenne est même de 3,05 auteurs par affaire, dont la femme. Les compagnons représentent un quart des coauteurs, mais si on rapporte ce chiffre au nombre de condamnations, on constate que l'infraction est

---

[280] De là vient en effet la spécificité victimologique attachée aux criminelles.
[281] In HARRATI (S.), préc.

commise en couple dans trois histoires sur quatre. Sachant qu'elles agissent rarement seules, du moins celles condamnées par une cour d'Assises, l'image de la femme manipulée reflète-t-elle vraiment la réalité ?

Certains l'analysent toujours ainsi, comme le Dr Roland Coutanceau et le Dr Daniel Zagury. Ce dernier décrit et explique leur attitude de cette manière : « Il devrait se passer un conflit entre la femme de son mari et la mère de ses enfants. Or ce conflit n'existe pas (…). Alors elles vont soit fermer les yeux, soit participer activement à des mises en scène sexuelles concernant leur fille, ou leur fils d'ailleurs. Le vrai metteur en scène c'est généralement le mari. Ce sont souvent des femmes terrorisées à l'idée d'être abandonnées par leur mari, très dépendantes.»

Les quelques travaux, eux, aboutissent clairement à la conclusion contraire. Les criminelles sexuelles ne sont en rien des victimes. « On a des représentations de la femme nourricière, passive. Les femmes criminelles surprennent. On a longtemps pensé qu'elles subissaient l'autorité. Mais, on le voit dans les affaires de mœurs, leur participation criminelle peut être très active »[282]. Dans chacune des recherches précitées, les femmes sont condamnées majoritairement en tant qu'auteur. Sonia Harrati n'a rencontré que quatre femmes incarcérées pour complicité, caractéristique retrouvée dans le travail de Philippe Genuit. En ce qui concerne l'étude présentée ici, nous faisons le même constat, avec une proportion de femmes auteurs égale à 69,8%. L'examen de ces histoires dans le détail infirme sans ambiguïté, l'image de la femme marionnette de son compagnon. Lorsqu'ils passent à l'acte en couple, il arrive couramment que ni à l'un ni à l'autre ne puisse être clairement attribuée l'initiative du viol. Si on rencontre effectivement des affaires dans lesquelles l'homme est le premier demandeur, cela n'empêche pas la femme de participer sans contrainte, et surtout l'inverse existe. On trouve, fréquemment chez les détenues de centres de détention, des affaires dans lesquels la femme a initié les jeux sexuels. Les actes peuvent être, en sus des faits commis en couple, répétés par les auteurs chacun

---

[282] HARRATI (S.), « L'énigme des femmes de tueurs », Le Point n°1660, 17 janvier 2007.

de leur côté. Dans certaines affaires étudiées, les violences sexuelles ont ainsi d'abord été réalisées en couple mais, suite à l'incarcération du compagnon, poursuivies par la femme seule.

En ce qui concerne l'éventuelle influence du profil des victimes sur les caractéristiques du passage à l'acte, Monique Tardiff et Bernadette Lamoureux établissent une différence : « La sélection de très jeunes victimes est souvent le fait de femmes qui agissent seules alors que les femmes associées à des complices s'adressent à des victimes adolescentes »[283]. Les informations recueillies sur chacune de ces histoires nous ont amenée de notre côté à distinguer trois variantes dans ces viols.

Les femmes seules se rencontrent dans les agressions des victimes les plus jeunes, âgées de moins de trois ans, dont elles sont les seuls auteurs. Il s'agit de la période où l'enfant est toujours perçu comme le prolongement de la mère. Le passage à l'acte a ici pour unique origine cette toute-puissance précédemment évoquée. L'auteur se considère libre de faire ce qu'elle veut de lui, c'est son enfant, il lui appartient et les actes commis, bien qu'ils correspondent à l'infraction pénale de viol, n'ont aucun lien avec la sexualité de l'auteur. Il est plus juste de les rapprocher des autres maltraitances physiques du nourrisson. L'immaturité de la mère, son incapacité même à envisager l'enfant comme une personne expliquent qu'elle ne soit absolument pas consciente de la portée de ses actes, ni de la manière dont ceux-ci peuvent être perçus. Pour elle, il s'agit en quelque sorte de tester son jouet, ce poupon qui ne dépend que d'elle, d'abord par simple curiosité. Puis, tenant pour acquis qu'il ne peut pas vraiment souffrir, elle réitère ses actes, grisée par l'étendue du pouvoir qu'elle a sur lui. L'une d'elles explique ainsi qu'elle n'a été sanctionnée que pour le principe. Elle demeure convaincue que cela était conséquences, l'enfant étant trop jeune pour se souvenir des faits, sans quoi elle ne les aurait naturellement pas commis. Il s'agit, dans les exemples que nous connaissons, uniquement d'agressions réalisées sur des filles.

Les crimes ayant comme victimes des adolescentes sont commis, dans nos résultats, par un couple ou seule, mais pas avec

---

[283] TARDIFF (M.), LAMOUREUX (B.), préc.

d'autres personnes. Les deux possibilités relèvent toutefois de processus psychologiques différents. Lorsque la femme agit seule, cela peut être parce qu'elle est attirée par une adolescente ou bien s'inscrire dans un comportement sadique beaucoup plus large, dans lequel l'agression sexuelle n'est qu'un des modes d'action utilisés. Là encore la victime est presque toujours une fille et la dimension sexuelle présente. Les affaires de viols sur majeur relèvent d'une de ces deux logiques de passage à l'acte. Les victimes peuvent être totalement inconnues de l'auteur et il s'agit toujours d'infractions uniques. Le second cas est le schéma présenté comme le plus classique en matière de crimes sexuels. Le compagnon, père ou beau-père de l'enfant, est demandeur et la femme va participer à titre de complice. Dans ces affaires il n'y a généralement qu'une seule victime qui est mineure mais n'est plus considérée comme une enfant[284] par les auteurs.

La majorité des crimes sexuels ont comme victimes des enfants entre 3 et 8 ans. La fratrie entière est concernée sans que le sexe ne soit ici un critère déterminant. Ce sont ces victimes-là qui subissent des violences sexuelles durant plusieurs années. L'un des éléments notables de ces infractions est que, si elles sont commises en couple, elles le sont tout autant par plusieurs coauteurs. Ce dernier modèle s'inscrit alors généralement dans une logique incestueuse, avec un fonctionnement pervers de la famille au sens étendu. Les faits peuvent concerner les neveux mais parfois aussi une génération supplémentaire, avec les propres ascendants ou enfants de la condamnée qui commettent les mêmes transgressions qu'elle sur les mêmes victimes. Le passage à l'acte a parfois lieu en-dehors du cercle familial, dans un cadre amical[285]. Commises en couple ou à plusieurs, sur une très longue période et des victimes de cette tranche d'âge, ces transgressions empruntent aux deux autres certaines de leurs caractéristiques. Bien qu'il ne s'agisse pas d'une attirance spécifique pour les enfants, la dimension sexuelle est ici indiscutable. Suivant la forme de ces

---

[284] Plusieurs de ces couples avancent d'ailleurs comme mobile de leur acte le désir de faire « l'éducation sexuelle » de la jeune victime.

[285] Seules les infractions de proxénétisme comptabilisent des coauteurs « inconnus ».

agressions[286], la mère peut assimiler ou non son comportement à des actes de violence. La confusion des générations peut apparaitre ici, avec une représentation de l'enfant comme un partenaire sexuel, et non sa victime. Elle peut tout aussi bien être émotionnellement détachée et ne considérer l'enfant que comme une variante de sa vie sexuelle, il la pimente, comme le feraient, ou le font, des objets.

Section 3. Violences atypiques

Les actes violents et atypiques constituent une infraction sur cinq de notre échantillon. Ils ont été ici répartis en trois catégories : les violences physiques sur adulte, les actes de torture et de barbarie et les violences non dirigées, originellement, contre des personnes.

§ 1. Violences physiques ordinaires

Elles représentent 10% de l'ensemble des infractions et désignent ici essentiellement les condamnations pour violences volontaires ayant entraîné la mort (78% des cas) ou une infirmité permanente sans intention de la donner[287]. Les auteurs ont un profil particulier, à commencer par leur âge nettement supérieur à la moyenne, 42,5 ans, contre 33,1 ans sur la totalité des femmes violentes et 35,1 ans sur celle des criminelles.

La victime est majoritairement le compagnon et, en ce cas, la qualification retenue n'est pas toujours celle sous laquelle la femme était poursuivie. Il s'agit en effet, dans un quart des affaires, d'homicides volontaires disqualifiés en violences. Ces histoires jugées avec indulgence correspondent à différents scénarios. Le plus évident est celui dans lequel la condamnée était victime de violences conjugales de la part de la personne qu'elle a tuée. Bénéficient aussi d'un préjugé favorable les dossiers dans

---

[286] Cela dépend principalement des coauteurs avec lesquels elle commet ces viols : si elle est active et demandeuse dans l'acte sexuel, elle initie rarement les violences physiques qui peuvent être concomitantes.

[287] Sont assimilées à ces violences les infractions d'enlèvement et séquestration, trois affaires, ainsi que d'administration d'une substance nuisible, deux affaires, ayant entraîné les mêmes conséquences.

lesquels la criminelle a prévenu immédiatement les secours. Il s'agit en effet d'un type de crime révélé dans plus de la moitié des cas par l'auteur elle-même, et seule une femme sur quatre nie avoir commis les faits au moment de son procès.

Des antécédents de comportements violents, non criminalisés, ont été néanmoins signalés presqu'une fois sur trois. Cela concerne en particulier les actes commis sous l'emprise de l'alcool. Ces femmes sont dépendantes depuis longtemps et des scènes de violence, telle celle qui a conduit à la mort de leur compagnon, ont déjà eu lieu, avec la victime ou leurs anciennes relations. Il s'agit exactement de la même situation que celle décrite pour les homicides : la femme, ivre, au cours d'une dispute saisit une arme, généralement un couteau, et attaque son compagnon. L'infraction finalement retenue dépend simplement de l'appréciation des jurés.

Dans notre échantillon, un seul cas rentre dans le cadre de violences domestiques[288] subies par la victime. Si elles se sont étendues sur plusieurs années, elles ne relevaient pas en revanche d'une logique de perte de contrôle et de déchaînement de violence. Le fait que ces actes soient rarement portés en justice est l'argument le plus communément utilisé par ceux qui critiquent la mise en exergue récente des violences conjugales exercées contre des femmes. On peut effectivement admettre qu'il s'agit là encore d'un contentieux sous-estimé. La violence physique dans un couple n'est jamais envisagée dans ce sens-là. L'homme victime s'exposerait invariablement à des railleries et à l'incrédulité de ses interlocuteurs[289]. Cela explique alors l'absence de pénalisation de ces actes de violence tant qu'ils n'ont pas eu une issue tragique. Comme la violence sexuelle féminine, les violences domestiques exercées par une femme, qu'elle soit hétérosexuelle ou homosexuelle, sont impensées.

---

[288] Entendues comme un ensemble d'agressions verbales et physiques habituelles.

[289] Soit dit en passant, utiliser cet argument est précisément reconnaître que nous sommes encore dans un système de représentations patriarcales, l'homme « normal » étant toujours perçu comme le dominant... Cela correspond par ailleurs aux arguments développés par Otto Pollack, v. intro.

Cela dit, il est aussi certain que le chiffre noir des violences conjugales subies par les femmes est extrêmement important, en raison du fonctionnement particulier de cette infraction. Un homme risque moins de se retrouver isolé, notamment par l'arrêt de toute activité professionnelle, comme elles le sont souvent. Les actes de violence subis sont, sauf hypothèse rare, moins graves en termes de conséquences physiques que ceux commis par un homme. Rien ne permet donc de tirer de conséquence de la nécessaire sous-estimation des victimes masculines sur la part de la violence féminine dans le contentieux[290].

Un dernier sous-ensemble de ces violences, dans lequel on retrouve les infractions particulières d'enlèvement et d'administration de substance nuisible, est associé à un mobile crapuleux et a principalement comme victimes des inconnus. Pour autant la qualification est justifiée puisque les violences physiques exercées sont délibérées et séparables de l'infraction crapuleuse. Lorsque les actes sont commis à plusieurs, l'agression peut être très violente, l'effet de groupe jouant à plein.

§ 2. Tortures et actes de barbarie

Ils ont été classés à part car ils reflètent un mode de fonctionnement psychologique particulier. Il n'est nullement question de conséquences involontaires ni de perte de contrôle passagère. Les tortures et actes de barbarie représentent 5% des affaires étudiées, 10% de celles des centres de détention, et 11% de la totalité des actes de violence. Ces résultats, identiques à ceux des vols qualifiés, ont de quoi interpeller. Il s'agit pourtant là uniquement des condamnations prononcées[291] à titre principal pour des tortures et actes de barbarie. Or d'autres verdicts retiennent les mêmes actes comme circonstance aggravante[292]. Ces comportements extrêmes sont associés à vingt-quatre autres condamnations : douze pour viol, neuf pour homicide et trois pour enlèvement et

---

[290] Le nombre de femmes tuées, les enquêtes de victimation, les inégalités évidentes de force physique sont autant d'éléments qui plaident contre cette vision.

[291] Art 222-1 C. pén.

[292] Art 221-2, 222-26 et 222-2. C. pén.

séquestration. Cela double presque le résultat, des tortures sont ainsi commises dans une infraction sur onze[293].

L'âge moyen des tortionnaires est de 32,5 ans. Sept femmes sur dix ont moins de 35 ans, et aucune n'a plus de 55 ans. Elles sont encore moins bien intégrées que les violeuses, rompant totalement avec le profil de « criminelle normale » qui a été dressé pour l'ensemble de l'échantillon. Aucune ne dépasse le niveau V de l'Éducation nationale et les trois quarts d'entre elles n'ont absolument jamais travaillé de leur vie. On constate qu'au moins une sur quatre a été victime de violences physiques, tant dans l'enfance qu'à l'âge adulte. En revanche les violences sexuelles subies sont rares, alors qu'une dimension sexuelle sadique est présente dans presque toutes les affaires. Les dépendances sont moins fréquentes chez ces condamnées, qui ont plus d'enfants que les autres, en moyenne 2,64 par femme.

Le sexe de la victime n'est pas un élément déterminant, la répartition entre les deux est identique. Les tortionnaires s'attaquent à part égale aux enfants et à des individus qu'elles connaissent mais avec lesquels elles ne sont pas personnellement liées (la catégorie « relation »). Il est intéressant de remarquer qu'il s'agit d'actes de violence dirigés spécifiquement contre une personne, ce qu'indique le nombre de victimes (29 pour 27 condamnations). Comme pour les maltraitances, lorsque la victime est un enfant il est le seul de la fratrie à être martyrisé. Ce type de crime a comme particularité de concerner, dans les actes commis sur mineur, des enfants sur lesquels la femme a autorité mais dont elle n'est pas la mère. Elle agit alors le plus souvent seule. L'âge moyen des enfants victimes est, au début des faits, légèrement inférieur à huit ans.

Il s'agit d'une infraction commise à plusieurs dans la moitié des cas. Le « phénomène de groupe », c'est-à-dire l'amplification de la violence de chaque auteur par la présence des autres, en est une donnée caractéristique. Cela explique que la catégorie « autre » soit majoritaire pour qualifier le lien entre condamnée et coauteur.

---

[293] Pour éviter de fausser les résultats en retenant deux fois la même infraction, ne sont présentées ici que les caractéristiques des tortionnaires condamnées à titre principal.

Bien que deux cinquièmes d'entre eux soient un membre de la famille ou son compagnon, plus le nombre de coauteurs est important plus la probabilité qu'ils ne lui soient pas directement liés est élevée. En ce qui concerne le rôle joué dans l'infraction, les tortionnaires étudiées sont presque toutes condamnées comme auteur, 92,6% des cas. Leur passage à l'acte est caractérisé par la perversité de la femme auteur, trait de caractère rare sur l'ensemble des condamnées. Dans deux affaires sur cinq ces violences extrêmes ont entraîné la mort de la victime. Un tiers d'entre elles ne se sont produites qu'une seule fois, pour les autres la durée moyenne avant que l'infraction ne soit découverte est d'un an et quatre mois.

Comme en matière d'infractions sexuelles, le déclenchement de la procédure n'a jamais lieu à l'initiative de la femme. Lorsque la victime est encore en vie, les poursuites pénales sont engagées dans les trois quarts des cas suite au dépôt de sa plainte. Un tiers de ces affaires sont portées à la connaissance de la justice par un signalement concernant une victime mineure. Il est très intéressant de constater que les faits sont reconnus par la majorité des tortionnaires, 87,5% d'entre elles[294]. Pour autant les éléments exposés laissent augurer qu'elles sont peu susceptibles d'éprouver de la culpabilité pour les actes qu'elles ont commis. Nous l'avons personnellement constaté lors de nos recherches, rencontrant des femmes qui après quinze années d'incarcération n'éprouvent toujours aucun remords et se disent choquées par la lourdeur du verdict, voire par la condamnation elle-même. Bien loin d'un idéal féminin exalté, ces criminelles particulières présentent un risque très élevé de récidive.

§ 3. Infractions non dirigées contre les personnes

La dernière catégorie de notre étude se différencie par un élément déterminant : il ne s'agit pas de crimes dirigés contre des personnes. Cela n'empêche pas que parfois il y ait eu des victimes. Il s'agit ici essentiellement de vols avec circonstances aggravantes, auxquels s'ajoutent deux condamnations pour actes de terro-

---

[294] Cela les place ici en seconde position, juste après les libéricides.

risme[295] et trois pour destruction volontaire par incendie ayant entraîné la mort sans intention de la donner.

Les vols qualifiés, infractions traditionnellement masculines qui seraient actuellement en augmentation chez les femmes, sont très minoritaires dans notre étude, moins de 5% des crimes. Ces femmes sont jeunes, en moyenne 29 ans et demi. Dans ce contentieux également la catégorie « moins de 26 ans » est numériquement en tête, elle concerne 45% des voleuses. Moins de la moitié d'entre elles sont mères, avec une moyenne inférieure à un enfant par femme.

Un quart des condamnations ont été prononcées à titre de complice. Il s'agit généralement d'une infraction de groupe, deux auteurs en moyenne, et dans la moitié des cas c'est avec leur compagnon, ou compagne[296], qu'elles passent à l'acte. Le vol n'a entraîné un décès que dans un cas sur cinq, il s'agit alors toujours d'inconnus. Il a été commis avec violence par un tiers des condamnées, alors auteurs des faits. Quant à la circonstance aggravante « avec arme », elle est la plus courante, retenue dans 85% des affaires. Dans la moitié d'entre elles, elles sont mises en cause par l'enquête policière, sinon suite à une dénonciation, et elles reconnaissent les faits (une seule exception).

Les peines infligées aux femmes violentes sont inférieures à celles des meurtrières, en moyenne 9,6 années d'emprisonnement. Là encore les résultats obtenus démentent les certitudes collectives, ressassées à chaque fois qu'il est question de femmes criminelles.

Les violences sur enfant sont ainsi censées être l'infraction la plus sévèrement réprimée, voire même la seule durement sanctionnée. Notre étude aboutit pourtant à une peine moyenne de 8,6 ans pour les maltraitances sur mineur, alors que les auteurs encouraient au minimum une peine de quinze années de réclusion criminelle. Deux tiers des verdicts prévoient de l'emprisonnement,

---

[295] Il ne s'agit naturellement pas de participation directe à des actions violentes, telles des attentats, mais de complicité par fourniture de matériel à des membres identifiés d'organisations terroristes.

[296] Les coauteurs de sexe féminin représentent ici 40% de l'ensemble.

durée égale ou inférieure à dix ans, et une seule femme, sur 76, a été condamnée à vingt années, ou davantage, de réclusion. Dans 42,1% des affaires, la peine, nécessairement inférieure à six ans, est assortie d'un sursis total ou partiel. Les négligences sont plus durement punies que les violences physiques, 9,2 ans en moyenne pour les premières, 7,2 ans pour les autres.

Comme en matière d'homicide, les infractions de violence sur mineur ne sont pas sanctionnées davantage, cela semble de nouveau être le contraire. Apparait cependant la même distinction que pour ceux-ci : dans les rares affaires de maltraitances sur un enfant de plus de quatre ans, les peines sont nettement plus longues. Nous avons également constaté que la qualité de mère de la victime peut être, malgré ces résultats, un élément à charge contre l'accusée. Selon nous ce n'est pas au niveau du quantum de la peine que la répression est accrue mais en termes de probabilité de condamnation. Pour le formuler autrement, lorsqu'il y a eu maltraitance la mère de l'enfant a toujours une part de responsabilité. Il est fréquent que personne ne reconnaisse sa culpabilité, en particulier que le père et la mère de la victime s'accusent mutuellement. En ce cas, c'est elle qui court le plus de risques d'être condamnée car elle est pour l'opinion publique nécessairement coupable, au minimum de ne pas avoir su protéger son enfant.

Les peines prononcées contre les criminelles sexuelles sont plus élevées, supérieures de quatre mois à la moyenne des infractions, soit 11,6 ans. Ce contentieux comprend deux fois plus, proportionnellement, de femmes condamnées à de la réclusion, et de femmes condamnées à de longues peines (16 années et plus), que celui des maltraitances. Le rejet violent que provoquent ces infractions sexuelles explique la sévérité des décisions. Si on réunit maltraitances et viols la peine moyenne atteint alors presque dix années, ce qui reste inférieur à la moyenne.

Les violences « ordinaires » commises sur des adultes aboutissent à des condamnations légères. Leur moyenne est inférieure à sept ans et les peines sont dans un tiers des cas assorties de sursis. Sachant que s'y retrouvent toutes les poursuites qui ont été disqualifiées, le résultat est cohérent. Les vols sont la catégorie la plus légèrement réprimée, en moyenne six années et demi d'emprisonnement, avec à peine 11% des voleuses condamnées à de la réclusion. Sans surprise non plus, les infractions de tortures sont très durement sanctionnées. La peine moyenne prononcée pour de tels actes dépasse même largement celle de l'homicide conjugal, elle est de 16,2 années de réclusion. Cela représente cinq ans de plus que la moyenne des condamnations. Aucun des verdicts n'a été assorti de sursis et 18% d'entre eux sont de la réclusion pour trente années ou à perpétuité.

Conclusion

Analyser les crimes féminins à partir de l'étude des individus et de leurs passages à l'acte n'empêche pas d'en identifier les éléments communs. Il a, entre autres, été constaté que le crime intervenait tardivement dans le parcours de vie, que les auteurs avaient un profil sociologique assez ordinaire, et qu'il s'agissait majoritairement de passages à l'acte « affectifs », c'est-à-dire intrafamiliaux. Cette dernière caractéristique, si classique en matière de criminalité féminine, indique qu'il n'y a eu que peu de changements dans la nature des infractions. Les libertés et droits acquis par les femmes n'ont en rien modifié le profil de ces condamnées[297].

Actuellement l'idée selon laquelle la progression des droits des femmes conduirait à un durcissement de leur criminalité s'appuie plus particulièrement sur l'apparition de jeunes délinquantes. La violence des adolescentes progresse ainsi plus vite que les autres[298] et évolue, avec l'adoption de comportements masculins par les intéressées. Cela ne suffit toujours pas pour envisager un changement radical, heureusement, de la criminalité féminine. Les adolescentes dont il est question adoptent rationnellement ce comportement : « Leur bonne connaissance du mécanisme de socialisation qu'elles nomment la loi du plus fort les conforte dans le choix stratégique et situationnel d'attributs traditionnellement associés à la notion de masculinité »[299].

---

[297] Au contraire, comme l'écrivait déjà Robert Cario il y a presque vingt-cinq ans, les criminelles d'aujourd'hui sont justement celles qui n'ont pas profité pleinement de ce changement de statut.

[298] V. not. SOULLEZ (C.), RISZK (C.) préc, BOE (J.), SHAW (M.) et DUBOIS (S.), préc.

[299] RUBI (S.), préc., p. 170.

En réalité, elles agissent comme les garçons, elles sont violentes comme les garçons, elles méprisent les autres filles comme les garçons... Tant que les filles concernées tiendront ce discours, alors il ne faudra y voir aucun changement de grande ampleur, car cela signifie qu'elles ne conçoivent pas la violence comme étant naturelle pour elles. Stéphanie Rubi montre bien qu'elles sont conscientes de tout cela : « Si certaines disent être habillées « comme un garçon », pour se battre », elles ne se sentent pas comme des garçons »[300]. « L'intention n'est pas de s'identifier au garçon, mais bien de prouver qu'elles sont capables de faire comme lui. Cela leur apporte le respect des garçons du groupe et donc plus de sécurité. Le vol ou la violence chez la fille de la rue se caractérise avant toute chose par sa fonction instrumentale et utilitaire et non pas par sa fonction identitaire »[301]. Le moment où cela pourrait basculer serait celui où, précisément, il ne viendrait à l'idée d'aucune fille d'expliquer son propre comportement violent en référence à celui des garçons. Autrement dit, la différence entre les crimes des hommes et ceux des femmes s'atténuera seulement le jour où la conception de la violence ne sera plus sexuée. En revanche, nous pensons comme elle que « ces adolescentes, dont le discours est méprisant et amer à propos des autres filles et dont les actes à leur encontre peuvent être violents ou tyranniques, nous questionnent sur les images et les rôles sociaux des femmes qu'elles ont pu incorporer »[302]. Si elles se sentent contraintes de devenir agresseurs du côté des garçons, pour ne pas être victimes du côté des filles, là devrait se situer le débat.

L'étude a également montré qu'une autre spécificité n'avait pas disparu, la démesure que ces crimes provoquent en termes de réaction sociale. La féminisation de la vie publique n'est de toute évidence pas un élément déterminant dans la représentation de la femme dans la société. Il est tout autant discriminant de la considérer comme une irresponsable pénale que comme une femme

---

[300] Ibid., p. 170.
[301] LUCCHINI (R.), *Femme et déviance ou le débat sur la spécificité de la délinquance féminine*, Université de Fribourg, février 1996, www.unifr.ch/socsem/Fichiers PDF/Femme & deviance.pdf
[302] Ibid., p. 178.

Conclusion

dénaturée. Là aussi, le combat féministe a sa place, peut-être plus qu'ailleurs. Il n'y a pas d'un côté des femmes ordinaires égales aux hommes et de l'autre des condamnées encadrées par le genre. Le sexisme qui s'exprime lorsqu'il est question de criminelles est bien plus outré que partout ailleurs : le tolérer, quand bien même il s'agirait de la moins défendable des femmes, reviendrait à cautionner l'ensemble des discriminations.

Un lien entre violence des femmes et organisation sociale ressort. Il ne se fait pas pourtant pas directement avec le patriarcat, ou une quelconque oppression masculine[303] mais avec la représentation collective de la femme « respectable », autrement dit le genre. Les deux sont tout à fait différents : d'un côté il s'agit d'une domination visible, une violence exercée sur la femme, de l'autre il s'agit de stéréotypes véhiculés par l'ensemble de la société. La première est effectivement un rapport de forces binaire, dans lequel les femmes peuvent être perçues comme victimes des hommes. En revanche, aussi non-politiquement correct que cela soit, les stéréotypes sont valorisés par une majorité de femmes, encore plus que par les hommes : elles y ont été elles-mêmes exposées, elles s'y sont conformées, le genre féminin se confond alors avec leur propre système de valeurs[304].

L'analyse des passages à l'acte met en lumière cette différence entre domination masculine et influence du genre. Les deux peuvent être liés, soit, mais les différentes qualités attachées au genre ne sont pas toujours source de pouvoir pour les hommes. L'image de la mère s'illustre ainsi par un désir et une capacité naturels de la femme à s'occuper d'enfants, qui a comme corollaire une suprématie de ses droits[305], pouvant s'étendre à la vie même de l'enfant. Ce stéréotype a, selon nous, une influence indéniable sur certains

---

[303] Le seul domaine pour lequel le rapport de force entre hommes et femmes est un élément immédiatement pertinent est celui des homicides faisant suite à des violences domestiques.

[304] Aujourd'hui encore, quoique l'ostracisme s'atténue, une femme carriériste, faisant le choix du célibat et refusant la maternité sera au mieux incomprise, au pire mal jugée par les mères et épouses qui l'entourent.

[305] V. par exemple Cass.civ., 2e chambre, 19 février 2009, n° 07-20668 et les réactions qui ont suivi : discrimination cette fois défendue par une majorité de femmes, puisqu'elle est en leur faveur.

passages à l'acte, par le poids des responsabilités qui pèsent sur la mère autant que par le pouvoir excessif qui lui est accordé. Pourtant cette image qui nuit en ce cas aux femmes est exactement la même que celle dénoncée par les groupes « masculinistes »[306] comme symbole d'une société castratrice dans laquelle les femmes auraient pris le pouvoir. Le poids du genre, et non pas des hommes, renforce l'idée que la déviance féminine peut se penser en-dehors de toute autre référence que les femmes.

Centrer la réflexion sur elles a comme autre utilité d'imaginer une prévention et une prise en charge qui leur soient adaptées. La manière dont les femmes passent à l'acte et leur propre perception des faits sont particulières. Rectifier la vision qu'ont les criminelles de la portée et de la légitimité de leurs actes ne peut être qu'un travail spécifique. Cela n'aurait aucun sens, par exemple, de conseiller à une femme de se tenir éloignée de lieux fréquentés par des enfants pour éviter toute récidive sexuelle. De même, une vraie prise en compte du vécu maternel et des difficultés qui peuvent surgir dès la grossesse ne peut être envisagée qu'en admettant que le risque est réel et en écoutant les femmes qui sont passées à l'acte.

L'étude des infractions commises par des hommes peut être également renouvelée grâce à celle des crimes au féminin, à partir d'une nouvelle comparaison des deux contentieux mais en prenant cette fois celui des femmes comme référence. Il s'agirait alors d'analyser l'excédent criminel masculin, afin d'identifier ce qui, chez les hommes ou plus probablement dans leur socialisation, dysfonctionne. Asexuer le concept de violence peut être pensé en ce sens, en arrêtant de l'associer au genre masculin pour la justifier ou la combattre. Si on considérait enfin la criminalité féminine comme norme criminologique, on pourrait alors se fixer comme objectif, et s'en donner les moyens, de supprimer cet écart, d'uniformiser le volume des contentieux, en ramenant les hommes à un niveau de dangerosité comparable à celui des femmes.

---

[306] Notamment les associations de pères divorcés.

Conclusion

Cela passerait nécessairement par de nouvelles recherches sur la socialisation féminine[307], qui n'auraient plus comme seul objectif de la critiquer pour remettre en cause une idéologie patriarcale discriminante. En effet là aussi il faudrait faire preuve de bon sens : que les filles soient éduquées à prendre soin des autres, à respecter les règles et à réfléchir avant d'agir explique effectivement pour beaucoup leur moindre criminalité. Présenter cela comme l'illustration voire la cause des inégalités subies par les femmes, une injuste discrimination à combattre semble en revanche être une conclusion absurde. Ces acquis caractérisent une socialisation réussie et on peut se féliciter que les femmes possèdent de telles facultés. Ce qui est préoccupant est l'inverse, qu'aux hommes ne soient pas toujours inculqués ces comportements. Quoiqu'elle ait des lacunes, c'est la socialisation féminine qui devrait dès aujourd'hui être préférée. Cela conduirait enfin à une vraie remise en question de la « valorisation des valeurs viriles »[308], que se croient obligées d'adopter les femmes de demain...

En conclusion, la criminalité féminine n'est pas uniforme, elle n'est pas pour autant la simple addition de cas particuliers, pas plus qu'une version numériquement réduite des crimes masculins. Elle mérite donc amplement d'être étudiée et détaillée en tant qu'objet de recherche indépendant. Les femmes ne peuvent que rester ad vitam aeternam le deuxième sexe si, même par ceux qui s'en défendent, leur déviance n'est conçue que comme le pendant de la violence masculine. Reproduire ce système de pensée binaire ne peut pas permettre de s'en affranchir : les femmes, y compris les criminelles, doivent être pensées en-dehors des hommes.

---

[307] Qu'attendait déjà Robert Cario en 1996, dans une conclusion « inondée d'utopie », *Les femmes résistent au crime*, pp. 155-156.

[308] Que Soizic Lorvellec, préconisait déjà en 1989, tout en la craignant utopique, « Prévention et répression de la criminalité des femmes », *La criminalité des femmes*, p. 106.

Index

A

Age · 34, 57, 62, 65, 70, 75, 83, 96, 98, 102, 110, 111, 127, 130, 135, 138, 140, 143
Age (des victimes) · 98, 101, 107, 110, 129, 134, 138
Alcool · 52, 56, 68, 77, 85, 88, 109, 123, 129, 136
Auto-défense · 23, 48, 82, 84–86
Aveu · 76, 101, 110, 119, 136, 139, 140

C

Capacités intellectuelles · 15, 50, 67, 81, 109, 111, 112
Casier judiciaire · 34, 70, 72
Coauteur · 34, 71, 87, 105, 109, 131, 134, 138, 140
Couple · 29, 54, 56, 67, 77, 84, 94, 128, 131–34, 136

D

Dépression · 68, 98, 100, 102, 113
Diabolique (image de) · 45, 46, 53–58, 72, 123
Discrimination · 19, 23, 26, 31, 59, 103, 106, 107, 112, 127, 141, 144, 147

E

Émancipation · 19, 24–29, 37, 50, 120, 144
Emploi · 18, 20, 26, 63, 64, 81, 109, 127, 138
Enfant (sous l'autorité de) · 89, 115, 129, 138

F

Famille · 18, 19, 45, 69, 82, 88, 94, 104, 105, 128, 129, 134
Féminisme(s) · 11, 35, 84, 90, 145

G

Grossesse · 47, 99, 110–18, 146
Grossesse (déni de) · 90–97

H

Homicides · 43, 81–107, 135, 137, 141

I

Images, représentations · 10, 14, 21, 22, 29, 30, 31, 34, 37, 41–59, 74, 96, 99, 115, 116, 120–26, 132, 139, 143–47
Immaturité · 64, 67, 77, 114, 130, 133
Infanticide · 46, 47, 89–100, 112
Intégration · 20, 56, 61–66, 72, 76, 77, 81, 87, 127, 138

M

Maternité · 9, 15, 24, 46–48, 66, 88, 91, 92, 94, 95, 99, 112–18, 130, 146
Médias · 10, 33, 34, 39, 41, 42, 44, 51, 55, 57, 59, 68, 72, 90, 106, 121
Mobile · 43, 44, 45, 56, 84, 87, 88, 100, 105, 137
Mode opératoire · 43, 44, 73, 74, 96, 101

N

Négligences · 47, 110, 113, 114, 141
Niveau scolaire · 34, 62, 63, 72, 127

P

Passage à l'acte · 23, 33, 45, 49, 83–88, 94, 100, 101, 102, 104, 109, 112, 124, 139, 143, 145
Passion (crimes "passionnels") · 29, 41, 46, 49, 53, 83, 84, 86, 100, 104
Peines · 19, 34, 76, 90, 106, 107
Perversité · 67, 72, 76, 114, 124, 130, 134, 139
Poison · 18, 41–46, 59, 73, 74
Poursuites (déclenchement des) · 18, 70, 75, 98, 109–11, 121, 122, 136, 139, 140
Préméditation · 45, 56, 73, 83, 86, 106
Prévention · 31, 36, 107, 115–18, 146

R

Réaction sociale · 28, 31, 35, 39, 58, 59, 118–23, 141, 144
Rôle dans l'infraction · 18, 54, 55, 56, 74, 75, 82, 86, 87, 94, 104, 105, 109, 119, 120, 122, 124, 138, 139, 140
Rôles sociaux · 10, 14, 18, 43, 54, 58, 99, 115, 123, 130, 144
Rupture sentimentale · 47, 50, 84, 87, 104, 113, 132

S

Services sociaux · 64, 115, 116, 121, 128
Sexe (des victimes) · 73, 82, 96, 98, 109, 130, 134, 138
Sexualité féminine · 24, 53, 54, 56, 91, 122, 123, 130
Socialisation · 18, 21, 23, 25, 69, 76, 107, 146, 147
Suicide · 68, 69, 83, 84, 98

T

Torture (actes de) · 55, 72, 115, 135, 142

V

Victime (image de) · 30, 51–53, 54, 55, 58
Victimes · 18, 43, 71, 82, 89, 101, 102, 105, 106, 109, 120, 133, 134, 139, 144
Violence et genre · 22, 23, 25, 30, 31, 68, 82, 105, 144
Violences physiques · 47, 55, 86, 110–15, 140, 141, 144
Violences sexuelles · 11, 55, 59, 72, 105, 118
Violences subies · 24, 30, 31, 34, 44, 46, 55, 84, 86, 109, 128, 135, 138, 145
Vols · 26, 70, 105, 139, 140, 141

Annexes

Nomenclature

Profil :

Age = au moment de la commission de l'infraction. Si les faits n'ont pas été uniques, l'âge considéré est celui du début des faits.

Niveau scolaire= selon la grille utilisée par l'Education Nationale comprenant 7 catégories : niveau VI (analphabétisme, illettrisme) ; niveau V bis (CFG) ; niveau V (CAP, DNB) ; niveau IV (BAC, DAEU) ; niveau III (DEUG, BTS, DUT) ; niveau II (Licence, Maîtrise) ; niveau I (Doctorat, DESS).

Situation personnelle = le statut retenu est celui qu'elle avait au moment des faits : dans le cas d'un homicide sur son compagnon par exemple, elle sera néanmoins classée « en couple ». Le même raisonnement est tenu concernant son statut de mère : les enfants victimes de néonaticide ne sont pas comptabilisés, mais en cas d'homicide sur des enfants plus âgés, ceux-ci sont inclus dans le profil.

Taille de la fratrie = personne étudiée incluse.

Individus :

Amis = amis personnels de la personne étudiée.

Autre = tous ceux qui n'ont pas de lien direct avec elle.

Ascendant = ascendants de la condamnée, naturels ou adoptifs, et ascendants par alliance.

Coauteur = l'autre ou les autres personnes condamnées pour une infraction criminelle recouvrant les mêmes faits. S'il y en a plusieurs, les données ont été relevées pour chacun d'entre eux, les résultats peuvent donc être supérieurs au nombre d'affaires étudiées.

Compagnon = toutes les personnes, hommes ou femmes, avec qui la condamnée entretenait une relation sentimentale, conjoint, amant, ex-relations si cela est pertinent.

Enfant = au sens du lien d'autorité existant entre auteur et victime. Elle comprend les enfants naturels et adoptés ainsi que ceux sous sa garde : beaux-enfants, neveux, petits-enfants et mineurs placés dans le cadre de son travail (famille d'accueil, assistante maternelle etc.).

Famille = tous les autres membres de la famille de la personne étudiée, dont la famille par alliance.

Relation = personnes qui, sans être des inconnus, n'ont pas de lien sentimental ou familial avec la condamnée.

Rival (e) = actuels, anciens et imaginaires compagnons/compagnes de l'homme/la femme avec qui la personne étudiée entretient, a entretenu ou aimerait entretenir une relation sentimentale.

Infractions :

Chaque catégorie inclue les infractions consommées et les infractions tentées (art. 121-5 C. pén.), commises à titre d'auteur comme de complice (art. 121-7 C. pén.). Lorsque les personnes sont condamnées sous plusieurs chefs d'accusation, a été retenue la plus haute qualification pénale.

La catégorie « Violences » regroupe toutes les infractions sans intention homicide retenue. Lorsqu'il est question de « maltraitances», cela associe les infractions de violences volontaires et de négligences, ayant eu comme victime un enfant. La catégorie « tortures » ne concerne que les condamnations à titre principal pour tortures et actes de barbarie.

Correspondances dans le Code Pénal

Homicides = 221-1 à 221-5.

Négligences = 223-4, 227-2, 227-15, 227-16.

Tortures = 222-1 à 222-6.

Viol = 222-22 à 222-26 ; 225-5, 225-7-1 à 225-9.

Violences volontaires = 222-7 à 222-10, 222-14, 222-15 ; 224-1 à 224-5 ; 322-6 à 322-11 ; 414-1 à 421-6.

Vol = 311-1, 311-7 à 311-11, 312-1, 312-3 à 312-8.

Autres éléments

Images médiatiques = les deux catégories retenues sont celle de la « victime » et celle de la « diabolique » (voir 1ère partie, chapitre 1, section 2).

Longues peines = toutes les peines de réclusion criminelle strictement supérieures à 15 années.

Peine = verdict définitif, le cas échéant celui du procès en appel.

Peine moyenne = par défaut la réclusion criminelle à perpétuité a été comptabilisée comme une peine de 30 années de prison, les chiffres sont donc à entendre a minima.

Réclusion (criminelle) = peine strictement supérieure à 10 années.

Principaux résultats statistiques

1. Age

	Homicides	Violences	
Moins de 26 ans	45	59	22,1%
26 à 35 ans	85	73	33,6%
36 à 45 ans	78	38	24,7%
46 à 55 ans	41	19	12,8%
56 à 65 ans	14	6	4,3%
66 ans et plus	7	5	2,5%
Age moyen	35,1 ans		
Age médian	33,5 ans		

2. Taille de la fratrie d'origine

	Nombre	Part de l'ensemble
1 enfant	0	0,0%
2 enfants	16	13,0%
3 enfants	20	16,3%
4 enfants	24	19,5%
5 enfants	20	16,3%
6 enfants	7	5,7%
7 enfants et plus	36	29,3%
Taille moyenne	5,2 enfants	

3. Situation personnelle

	Seule	En couple	
0 enfant	28	48	19,5%
1 enfant	23	56	20,3%
2 enfants	21	70	23,3%
3 enfants	8	62	17,9%
4 enfants	1	29	7,7%
5 enfants	3	18	5,4%
6 enfants	0	13	3,3%
7 enfants et plus	1	9	2,6%
	21,8%	78,2%	
Moyenne	2,1 enfants		

4. Niveau d'études

	Homicides	Violences	
Niveau VI	4	13	13,9%
Niveau V bis	17	18	28,7%
Niveau V	30	24	44,3%
Niveau IV	5	4	7,4%
Niveau III	3	2	4,1%
Niveau II	2	0	1,6%
Niveau I	0	0	0,0%

5. Répartition des crimes

	Nombre	Pourcentage de l'ensemble
Homicides	**304**	**54,9%**
du compagnon	*120*	*21,7%*
de l'enfant	*83*	*15,0%*
Autre	*101*	*18,2%*
Violences	**250**	**45,1%**
Maltraitances	*76*	*13,7%*
Viols	*63*	*11,4%*
Violences sur adulte	*57*	*10,3%*
Tortures	*27*	*4,9%*
Vols	*27*	*4,9%*
Total	**554**	

6. Rôle dans l'infraction

	Homicides	Violences
Auteur	251	208
Complice	53	42
Commise seule	215	115
Avec 1 personne	50	67
Avec 2 ou plus	39	68
Nombre moyen d'auteurs par infraction	1,2	2,0

7. Qualité du (des) coauteur(s)/complice(s)

	Homicides	Violences	
Compagnon	53	108	29,9%
Famille	41	97	25,6%
Ami	26	47	13,6%
Autre	35	131	30,9%

8. Qualité de la victime

	Homicides	Violences	
Compagnon	120	34	23,0%
Enfant	124	224	51,6%
Autre membre de la famille	19	10	4,3%
Rival(e)	16	2	2,7%
Relation	44	19	9,3%
Inconnu	24	37	9,1%

9. Peines et infractions

	Sursis (total ou partiel)	Moins de 6 ans	6 à 10 ans
Homicides	**54**	**64**	**84**
Compagnon	*12*	*18*	*30*
Enfant	*32*	*33*	*23*
Autre	*10*	*13*	*31*
Violences	**70**	**90**	**75**
Viols	*4*	*8*	*22*
Maltraitances	*32*	*34*	*21*
Violences sur adulte	*18*	*29*	*19*
Tortures	*0*	*2*	*6*
Vols	*16*	*17*	*7*
Total	**124**	**154**	**159**
	22,4%	27,8%	28,7%

	11 à 15 ans	16 à 20 ans	21 ans à perpétuité
Homicides	**76**	**42**	**38**
Compagnon	*32*	*17*	*23*
Enfant	*15*	*10*	*2*
Autre	*29*	*15*	*13*
Violences	**48**	**26**	**11**
Viols	*20*	*12*	*1*
Maltraitances	*12*	*8*	*1*
Violences sur adulte	*7*	*2*	*0*
Tortures	*8*	*3*	*8*
Vols	*1*	*1*	*1*
Total	**124**	**68**	**49**
	22,3%	12,3%	8,8%

	Sursis	Réclusion	Longues Peines	Moyenne
Homicides	**17,8%**	**51,3%**	**26,1%**	**12,8 ans**
Compagnon	*10,0%*	*60,0%*	*32,8%*	*14,2 ans*
Enfant	*38,5%*	*32,5%*	*14,5%*	*9,6 ans*
Autre	*9,9%*	*56,4%*	*27,7%*	*13,7 ans*
Violences	**28,0%**	**34,0%**	**14,9%**	**9,5 ans**
Viols	*6,3%*	*52,4%*	*20,6%*	*11,6 ans*
Maltraitances	*42,1%*	*27,6%*	*11,8%*	*8,6 ans*
Violences sur adulte	*31,6%*	*15,8%*	*3,6%*	*6,9 ans*
Tortures	*0,0%*	*70,4%*	*40,7%*	*16,2 ans*
Vols	*59,3%*	*11,1%*	*7,4%*	*6,5 ans*
Total				**11,3 ans**

10. Age et peine

	Sursis	Réclusion	Longues peines	Peine moyenne
Moins de 26 ans	33,7%	31,7%	18,3%	9,5 ans
26 à 35 ans	15,8%	55,1%	24,7%	12,9 ans
36 à 45 ans	13,0%	50,4%	23,5%	11,9 ans
46 à 55 ans	18,3%	43,3%	26,7%	11,4 ans
56 à 65 ans	10,0%	45,0%	15,0%	9,9 ans
66 ans et plus	33,3%	16,7%	8,3%	8,8 ans

11. Image et infraction

	« Victime »	« Diabolique »
Homicides	**55**	**61**
Compagnon	*23*	*36*
Enfant	*22*	*4*
Autre homicide	*10*	*21*
Violences	**30**	**24**
Viols	*0*	*8*
Maltraitances	*9*	*6*
Violences sur adulte	*17*	*1*
Tortures	*0*	*7*
Vols	*4*	*2*
Total	**84**	**85**

12. Age et image

	« Victime »	« Diabolique »
Moins de 26 ans	10	15
26 à 35 ans	20	26
36 à 45 ans	14	23
46 à 55 ans	11	11
56 à 65 ans	7	2
66 ans et plus	5	1
Age moyen	39,0 ans	36,0 ans

13. Image et peine

	« Victime »	« Diabolique »
Moins de 6 ans	54	3
6 à 10 ans	23	11
11 à 15 ans	7	21
16 à 20 ans	0	20
21 ans et plus	0	30

Bibliographie

BADINTER (E.), *Fausse route*, Ed. Odile Jacob, 2003.

BARD (C.), CHAUVAUD (F.), PERROT (m.), PETIT (G.) (dir.), *Femmes et justice pénale XIXe-XXe siècles*, Ed. Presses Universitaires de Rennes, coll. Histoire, 2002.

BERTRAND (M.-A.), *Les femmes et la criminalité*, Ed. Athéna, coll. Criminologie, 2003.

BERTRAND (M.-A.), BIRON (L.L.), FAGNAN (A.B.), PISA (C. DE), MC LEAN (J.), *Prisons pour femmes*, Montréal, Ed. Les Éditions du Méridien, 1998.

BERTRAND (M.-A.), *La femme et le crime*, Les éditions de l'Aurore, Montréal, 1979.

BOE (J.), Les femmes mises en cause en 2006 pour atteintes aux biens et pour violences ou menaces, *Repères* n°6, juillet 2007.

CARDI (C.), Trajectoires de femmes incarcérées : Prison, ordre social et ordre sexué, *Les Cahiers de la sécurité*, 60, p 41-68, 1er trimestre 2006.

CARIO, (R.), Les femmes et le crime, *La lettre du GENEPI*, n°64, p 8-11, 2003.

CARIO (R.), *Les femmes résistent au crime*, Ed. L'Harmattan, coll. Transdisciplines, 1997.

CARIO (R.), *Femmes et criminelles*, Ed. Erès, coll. « Criminologie et sciences de l'homme », 1992.

CEDILE (G.), *La pédophilie, les leçons du procès d'Outreau*, Ed. Eska, 2005.

CHASSAING (J.-F.), Femmes criminelles, article en ligne, http://www.jfrc.net/opinions.htm.

COMBESSIE (P.) (dir.), *Femmes, intégration et prison : analyse des processus d'intégration socioprofessionnelle des femmes sortant de prison en Europe*, rapport de l'équipe française, Commission Européenne dans le cadre du 5e PCRD, 2005.

CRIVILLE (A.), DESCHAMPS (M.), FERNET (C.) et SITTLER (M.-F.), *L'inceste, comprendre pour intervenir*, Ed. Privat, coll. Enfances/Clinique, 1994.

DAUPHIN (C.) et FARGE (A.) (dir.), *De la violence et des femmes*, Ed. Albin Michel, coll. Histoire, 1999.

Étude nationale des décès au sein du couple, Ministère de l'Intérieur, délégation aux victimes, 2006.

Féminin/masculin _ du genre et des identités...sexuées, Ed. L'Esprit du temps, coll. Pratiques psychologiques, 2003, n°3.

Femmes et Hommes - Regards sur la parité - Ed 2008, INSEE.

FRIGON (S.), *L'homicide conjugal au féminin d'hier à aujourd'hui*, Ed. du remue-ménage, Montréal (Québec), 2003.

GENUIT (P.), *La criminalité féminine : Une criminalité épicène et insolite. Réflexions d'épistémologie et d'anthropobiologie clinique*, thèse de psychologie, Université Rennes 2, 2007.

Global Gender Gap Report, Forum économique mondial, 2008.

GRANT (B.), JOHNSON (S.), Les femmes purgeant une peine d'emprisonnement de longue durée, in http://prison.eu.org/article.php3?id_article=4479, mis en ligne le 8 mars 2005.

GUILLAIS (J.), Émergence du crime passionnel au XIXe siècle, *Perspectives psy*, volume 36, n°1, janvier-février 1997.

HARRATI (S.), La criminalité sexuelle des femmes : étude des caractéristiques psychopathologiques des femmes auteures d'agressions sexuelles, *L'agression sexuelle : coopérer au-delà des frontières*, Cifas 2005.

Hommes, femmes, Ed. L'Esprit du temps, coll. Pratiques psychologiques, 1998, n°3.

HOUEL (A.), MERCADER (P.), SOBOTA (H.), Femmes criminelles, femmes ordinaires ? », *Cycnos*, volume 23 n°2, Figures de femmes assassines - Représentations et idéologies, novembre 2006.

JOLY (H.), *La France criminelle*, Ed. L. Cerf, 1889.

KORN (M.), *Ces crimes dits d'amour*, Ed. L'Harmattan, coll. Sciences criminelles, 2003.

La criminalité des femmes, Travaux de la journée régionale de criminologie du 4 février 1986, Ed. Erès, coll. Questions actuelles de criminologie, 1989.

La parité entre hommes et femmes, dossier de l'INSEE, http://www.statapprendre.education.fr/insee/par/default.htm.

LANCTOT (N.), La délinquance féminine : l'éclosion et l'évolution des connaissances, in LE BLANC (M.), OUIMET (M.) et SZABO (D.) (dir.), *Traité de criminologie empirique*, 3ème édition, p 419-465, Ed. Les Presses de l'Université de Montréal, 2003.

LAVERGNE (C.), LABROSSE (J.), Violence des femmes : faisons la part des choses, *Femmes et Justice*, printemps 1999.

LE MANAC'H (L.), *L'infanticide : mythe, fantasme et réalité*, thèse de médecine, université de Nantes, 2006.

LIMA MALVIDO (M.), *Criminalidad femenina, teorías y reacción social*, Ed. Porrúa, 2003 (2da edición).

LOMBROSO (C.), *La femme criminelle et la prostituée*, Ed. Millon, coll. « Les mémoires du corps » (1895).

LUCCHINI (R.), *Femme et déviance ou le débat sur la spécificité de la délinquance féminine*, Université de Fribourg, février 1996, www.unifr.ch/socsem/Fichiers PDF/Femme & deviance.pdf.

MARINOPOULOS (S.), *La vie ordinaire d'une mère meurtrière*, Ed. Fayard, 2008.

MARINOPOULOS (S.), *Le déni de grossesse*, publication de la Coordination de l'Aide aux Victimes de Maltraitance (programme de prévention à l'initiative du Ministère de la Communauté française de Belgique), coll. Temps d'arrêt, 2007.

MARINOPOULOS (S.), *Solitude des futures mères*, tribune libre dans *l'Humanité*, 1er septembre 2007.

MARY (F.-L.), Les femmes et le contrôle pénal en France : quelques données récentes, *Déviance et société*, n°3, 1998.

MARY (F.-L.), Délinquances des femmes et répressions pénales, *Questions pénales*, bulletin d'information du CESDIP, décembre 1996.

MARY (F.-L.), *Femmes, délinquances et contrôle pénal, analyse sociodémographique des statistiques administratives*, mémoire de DEA de sociologie, Université Paris V- René Descartes, Études et Données pénales, CESDIP, n°75, 1996.

MATHIEU (H.), *Prisons de femmes* ; Ed. Marabout, coll. Actualité, 1987.

MERCADER (P.), Les déterminants sociaux et psychiques du crime dit passionnel, *Recherches et prévisions*, n°89, p 43-53, septembre 2007.

MERCADER (P.), HOUEL (A.), SOBOTA (H.), L'asymétrie des comportements amoureux : violences et passions dans le crime dit passionnel, *Sociétés contemporaines*, n°55, p 91-113, 2004.

Mères et bébés en prison, rapport de l'Assemblée parlementaire européenne, 2000.

MUCCHIELLI (L.), Familles et délinquances un bilan pluridisciplinaire des recherches francophones et anglophones, CESDIP, *Études et données pénales*, n° 86, 2000.

OCQUETEAU (F.), Des femmes plus délinquantes ou des regards policiers moins tolérants ? A propos des données de l'OND, *Les Cahiers de la sécurité*, 60, p 35-40, 1er trimestre 2006.

PARENT (C.), *Féminismes et criminologie*, Ed. De Boeck Université, coll. Perspectives criminologiques, 1998.

PARENT (C.), Au-delà du silence : les productions féministes sur la «criminalité» et criminalisation des femmes, revue *Déviance et société*, n°16-3, 1992.

POIRET (A.), *L'ultime tabou, Femmes pédophiles, femmes incestueuses*, B. K. Éditions, 2008.

Raconte-moi la prison, Relais Enfants-Parents Grand-Ouest, 1997.

RICORDEAU (G.), *La solidarité familiale à l'épreuve de l'incarcération. Une analyse comparative*, Mission Droit et Justice, novembre 2003.

ROMANO (H.), Infanticide, réflexions au sujet des homicides sur mineurs de un an, *Enfance Majuscule*, n°98, p 16-28, janvier-février 2008.

ROSTAING (C.), *La relation carcérale : identités et rapports sociaux dans les prisons de femmes*, Ed. Presses universitaires de France, coll. Le lien social, 1997.

RUBI (S.), *Les « crapuleuses », ces adolescentes déviantes*, Ed. Presses universitaires de France, coll. Partage du savoir, 2005.

SCHACHTEL (M.), *Femmes en prison*, Ed. Albin Michel, 2000.

SIRET (R.), *Les femmes incarcérées*, publication ENAP.

SIMOURD (L.), ANDREWS (D.-A.), Délinquance chez les hommes, délinquance chez les femmes – corrélation, *Forum - Recherche sur l'actualité correctionnelle* (Service correctionnel du Canada), n° 6, 1994, pp. 26-31.

SOULLEZ (C.), RIZK (C.), Le nombre de femmes mises en cause pour atteintes aux biens et pour violences augmente entre 1996 et 2004, *Grand Angle*, Bulletin statistique de l'OND, n°4, novembre 2005.

SOULLEZ (C.), RIZK (C.), Femmes mises en cause pour crimes et délits, 1996-2004 : Les données de l'état 4001 lues à travers la grille de l'OND, *Les Cahiers de la sécurité*, 60, pp. 11-34, 1er trimestre 2006.

Statistique pénale annuelle du Conseil de l'Europe, Enquête 2007.

TARDE (G.), *La criminalité comparée*, 1886, édition numérique, http://classiques.uqac.ca/classiques/tarde_gabriel/criminalite_co mparee/criminalite_comparee.html.

TARDIFF (M.), LAMOUREUX (B.), Les femmes responsables d'abus sexuels : Refus d'une certaine réalité, *Forensic- Revue de psychiatrie et de psychologie légale*, n°21, 1999.

TOUPIN (L.), Les courants de pensée féministes, in *Qu'est-ce que le féminisme ? Trousse d'information sur le féminisme québécois des 25 dernières années*, Centre de documentation sur l'éducation des adultes et la condition féminine et Relais-femmes, Montréal, 1997 ; version enrichie, http://netfemmes.cdeacf.ca/documents/courants0.html, 1998.

TRINQUIER (C.), *Femmes en prison*, Ed. Le Cherche-Midi, coll. Documents, 1997.

TSIKOUNAS (M.) (dir.), *Éternelles Coupables _ Les femmes criminelles de l'Antiquité à nos jours*, Ed. Autrement, 2008.

VERSCHOOT (O.), *Ils ont tué leurs enfants, approche psychologique de l'infanticide*, Ed. Imago, 2006.

WATREMEZ (V.), La violence des femmes et des lesbiennes : analyses et enjeux politiques contemporains ?, *Recherches féministes*, vol. 18, n°1, 2005.

WATREMEZ (V.), Interview donnée à la gazette des femmes du Québec, 2005, www.air-libre.org/article28.html .

WATREMEZ (V.), Élargissement du cadre d'analyse féministe de la violence domestique masculine à travers l'étude de la violence dans les relations lesbiennes, *revue Labrys*, n° 1-2, 2002.

WYVEKENS (A.), Violences au féminin : Femmes délinquantes, femmes violentes, femmes déviantes, *Les Cahiers de la sécurité*, 60, pp. 7-10, 1er trimestre 2006.

ZAGURY (D.) et ASSOULINE (F.), *L'énigme du mal : les tueurs en série*, Ed. Plon, 2008.

ZAGURY (D.), Les crimes passionnels, *Perspectives psy*, volume 36, n°1, janvier-février 1997.

Table des matières

PRINCIPALES ABREVIATIONS 7
PREFACE 9
INTRODUCTION 13
1ERE PARTIE CRIMINELLES ET SOCIETE 39
CHAPITRE 1. FANTASMES ET FIGURES FEMININES DU CRIME .. 41
   SECTION 1. REPRESENTATIONS CLASSIQUES 42
      § 1. L'empoisonneuse 42
      § 2. La mère meurtrière 46
      § 3. La femme trahie 48
   SECTION 2. IMAGES DE LA FEMME CRIMINELLE 51
      § 1. Illustrations 51
      § 2. Caractéristiques générales 54
      § 3. Éléments particuliers 55
CHAPITRE 2. PORTRAIT DES FEMMES CRIMINELLES 61
   SECTION 1. INTEGRATION DANS LA SOCIETE 61
      § 1. Intégration socio-professionnelle 61
      § 2. Intégration familiale 64
   SECTION 2. PERSONNALITE ET FRAGILITES 66
      § 1. Aspects médico-psychologiques 67
      § 2. Rapport antérieur à la violence 69
   SECTION 3. ÉLEMENTS GENERAUX DU PASSAGE A L'ACTE 71
      § 1. Proximité affective 71
      § 2. Positionnement dans l'infraction 74
2EME PARTIE LES CRIMES DES FEMMES 79
CHAPITRE 1. HOMICIDES 81
   SECTION 1. HOMICIDE DU COMPAGNON 82

§ 1. Le crime « passionnel » 83
§ 2. Le crime d'auto-défense 84
§ 3. Les meurtres « utilitaires » 86
SECTION 2. HOMICIDE DE L'ENFANT 89
§ 1. L'infanticide 89
§ 2. Les libéricides 98
SECTION 3. AUTRES HOMICIDES 104

CHAPITRE 2. VIOLENCES **109**

SECTION 1. MALTRAITANCES SUR MINEUR 110
§ 1. Généralités 110
§ 2. Causes du passage à l'acte sur un nourrisson 112
§ 3. Prévention et violence maternelle 115
SECTION 2. INFRACTIONS SEXUELLES 118
§ 1. Le tabou versus les chiffres. 118
§ 2. Profil des criminelles sexuelles 126
§ 3. Caractéristiques des infractions sexuelles féminines . 129
SECTION 3. VIOLENCES ATYPIQUES 135
§ 1. Violences physiques ordinaires 135
§ 2. Tortures et actes de barbarie 137
§ 3. Infractions non dirigées contre les personnes 139

CONCLUSION **143**

INDEX **149**

ANNEXES **153**

BIBLIOGRAPHIE **167**

TABLE DES MATIERES **173**

L'HARMATTAN, ITALIA
Via Degli Artisti 15 ; 10124 Torino

L'HARMATTAN HONGRIE
Könyvesbolt ; Kossuth L. u. 14-16
1053 Budapest

L'HARMATTAN BURKINA FASO
Rue 15.167 Route du Pô Patte d'oie
12 BP 226
Ouagadougou 12
(00226) 76 59 79 86

ESPACE L'HARMATTAN KINSHASA
Faculté des Sciences Sociales,
Politiques et Administratives
BP243, KIN XI ; Université de Kinshasa

L'HARMATTAN GUINÉE
Almamya Rue KA 028
En face du restaurant le cèdre
OKB agency BP 3470 Conakry
(00224) 60 20 85 08
harmattanguinee@yahoo.fr

L'HARMATTAN CÔTE D'IVOIRE
M. Etien N'dah Ahmon
Résidence Karl / cité des arts
Abidjan-Cocody 03 BP 1588 Abidjan 03
(00225) 05 77 87 31

L'HARMATTAN MAURITANIE
Espace El Kettab du livre francophone
N° 472 avenue Palais des Congrès
BP 316 Nouakchott
(00222) 63 25 980

L'HARMATTAN CAMEROUN
BP 11486
(00237) 458 67 00
(00237) 976 61 66

655846 - Mai 2016
Achevé d'imprimer par